Mit besten Grüßen
und Wünschen

Gedankensplitter
700 Lebensweisheiten für den Alltag

Aufgeschrieben von Dieter Gropp
und illustriert von Lisa Kindler

1. Auflage August 2016

Impressum

Bibliografische Informationen der Deutschen Nationalbibliothek
Die Deutsche Nationalbibliothek verzeichnet diese Publikation
in der Deutschen Nationalbibliografie.

ISBN 978-3-9818248-0-3

Mail: info@idee-und-los.de

Fon 09132 / 73 45 32
Fax 09132 / 73 45 33

© 2016, Idee und los GmbH
Hintere Gasse 11, 91074 Herzogenaurach

www.idee-und-los.de

Dieses Werk, einschließlich all seiner Teile, ist urheberrechtlich geschützt. Jeder Verwertung außerhalb der engen Grenzen des Urheberrechtsgesetzes ist ohne Zustimmung des Verlages unzulässig und strafbar. Dies gilt insbesondere für Vervielfältigungen, Übersetzungen, Mikroverfilmungen und die Einspeicherung und Verarbeitung in elektronischen Systemen.

Satz: Rainer Krugmann Erlangen
Fotos: Claudia Haag
Druckauftrag: Idee und los GmbH

Vorwort

Seit geraumer Zeit und mit zunehmendem Alter interessiere ich mich immer stärker für Zitate. Ob sie sich berühmte Persönlichkeiten ausdachten oder Zeitgenossen, ist dabei für mich unerheblich. Allerdings muss ich zugeben, dass die klassischen Zitate für mich, obwohl eigentlich unberechtigt, mehr Gewicht haben.
Aus dem Zitatesammeln erwuchs das Bedürfnis, Erfahrungen aus meinem eigenen Leben zu verallgemeinern. Gotthold Ephraim Lessing zum Beispiel und Erich Kästner haben sich theoretisch und praktisch mit diesen Lebenserfahrungen beschäftigt und viel Allgemeingültiges zum Epigramm und zum Aphorismus niedergeschrieben.
Die „Maxime und Reflexionen" Johann Wolfgang von Goethes fesselten mich und beförderten meine Idee des Selbstversuchens. Die ersten Versuche veröffentlichte ich in einem kleinen Büchlein, das auf unterschiedliche Resonanzen stieß. Eine Rezension bekräftigte mich, eine andere verriss das Büchlein völlig. Mein Ehrgeiz wurde durch die vernichtende Kritik eher angestachelt. Ich schrieb weiter.
Nun ist eine ganze Menge zusammengekommen und die anfänglich etwa einhundertfünfzig sind nunmehr auf über siebenhundert Aphorismen angewachsen. Ich entschloss mich also, meine Aphorismen erneut zu veröffentlichen.
Ein günstiger Umstand kam mir dabei zu Hilfe. Ein mittelständisches Reinigungs-und Dienstleistungsunternehmen aus Franken suchte zu Werbezwecken einen Spruch zum großen Thema „Sauberkeit". Dabei stießen sie auf einen meiner Aphorismen, der im Internet herumschwirrte. Er gefiel und wurde ausgewählt. Mehr noch: Ich bekam dadurch das Angebot,

ein dort monatlich erscheinendes Magazin mit einer meiner „Lebensweisheiten" zu zieren.

Die Tochter des Firmenchefs malt gern in ihrer eigenwilligen und lustigen Form und ihre Zeichnungen unterstrichen die Aussage meiner Aphorismen. Sie begeisterte sich für meine Idee und begann, meine Aphorismen zu illustrieren. So machten sich der Autor, bereits hoch in den Siebzigern, und die Realschülerin gemeinsam an die Arbeit.

Mein besonderer Dank gilt dem Firmenchef, Christian Kindler, für seine großzügige, vor allem ideelle Unterstützung und seiner Tochter Lisa für ihre erfrischenden Illustrationen. Dies will ich gern mit einem aphoristischen Gedanken unterstreichen, der mir in meinem fortgeschrittenen Alter zur Maxime wurde:

*„Es ist nicht nur die Reife,
die mich mit Wohlgefallen altern lässt.
Auch die Unbeschwertheit der jungen Leute
wird mir zum Lebenselixier."*

Meine Aphorismen sind mir wie ein gewaltiger Schlüsselbund geworden, der mir den Weg zu den verschiedensten Seiten menschlicher Empfindungen öffnet.

Viele fremde Zitate, darin besteht für mich ihre Wesentlichkeit, haben die Zeit, in der sie entstanden sind, überdauert und fordern mich heute zur Auseinandersetzung mit ihnen heraus. Hier liegt einer der Gründe dafür, dass mir Aphorismen so am Herzen liegen.

Es geht auch um meinen eigenen Standpunkt und die sich daraus ergebenden Änderungen meiner Verhaltensweisen. Es geht aber auch um Beobachtungen von Eigenschaften bei Zeitgenossen. Das ist für mich das Reizvolle daran.

Meine Aphorismen sind im Laufe der Zeit nicht nur in die Breite, sondern auch in die Tiefe gegangen. Sie sollen einerseits Lupe nach außen und andererseits Spiegel nach innen sein, auf mich selbst gerichtet.
Schon der vor mehr als hundert Jahren lebende Dichter und Aphoristiker Christian Morgenstern setzte sich mit seinen Werken zum Ziel, eine Gemeinschaft von Menschen schaffen zu helfen, die „im Einklang mit dem Weltganzen steht, die die Individuen über alles stellt". Gleichzeitig aber forderte er auch, dass „sie sich selbstkritisch vervollkommnet und in den Dienst des Nächsten stellt". * Dies sind Gedanken, mit denen Morgenstern meine eigene Haltung dazu herausfordert.
Mit der Bitte, dies beim Blättern in meinen Aphorismen mit in Betracht zu ziehen, wünsche ich Ihnen nachdenkliche Freude beim Lesen und für mich im Dialog mit Ihnen noch manche gute Anregung für meine eigene Arbeit.
Ganz sicher werden Sie nicht jeden Standpunkt mit mir teilen. Wenn es mir jedoch gelingt, Sie zu einer gewissen Auseinandersetzung mit mir oder mit sich selbst anzuregen, dann habe ich mein Ziel erreicht.
Meine Freude wäre verständlicherweise sehr groß, wenn aus einem meiner Aphorismen irgendwann einmal ein beachtenswertes Zitat würde!
In diesem Sinne
Ihr Dieter Gropp

(*aus den Nachbemerkungen von Klaus-Dieter Sommer zu „Ob auch der und jener pfeife", Sprüche, Epigramme, Aphorismen und Notizen von Christian Morgenstern – Buchverlag ‚Der Morgen' Berlin 1988)

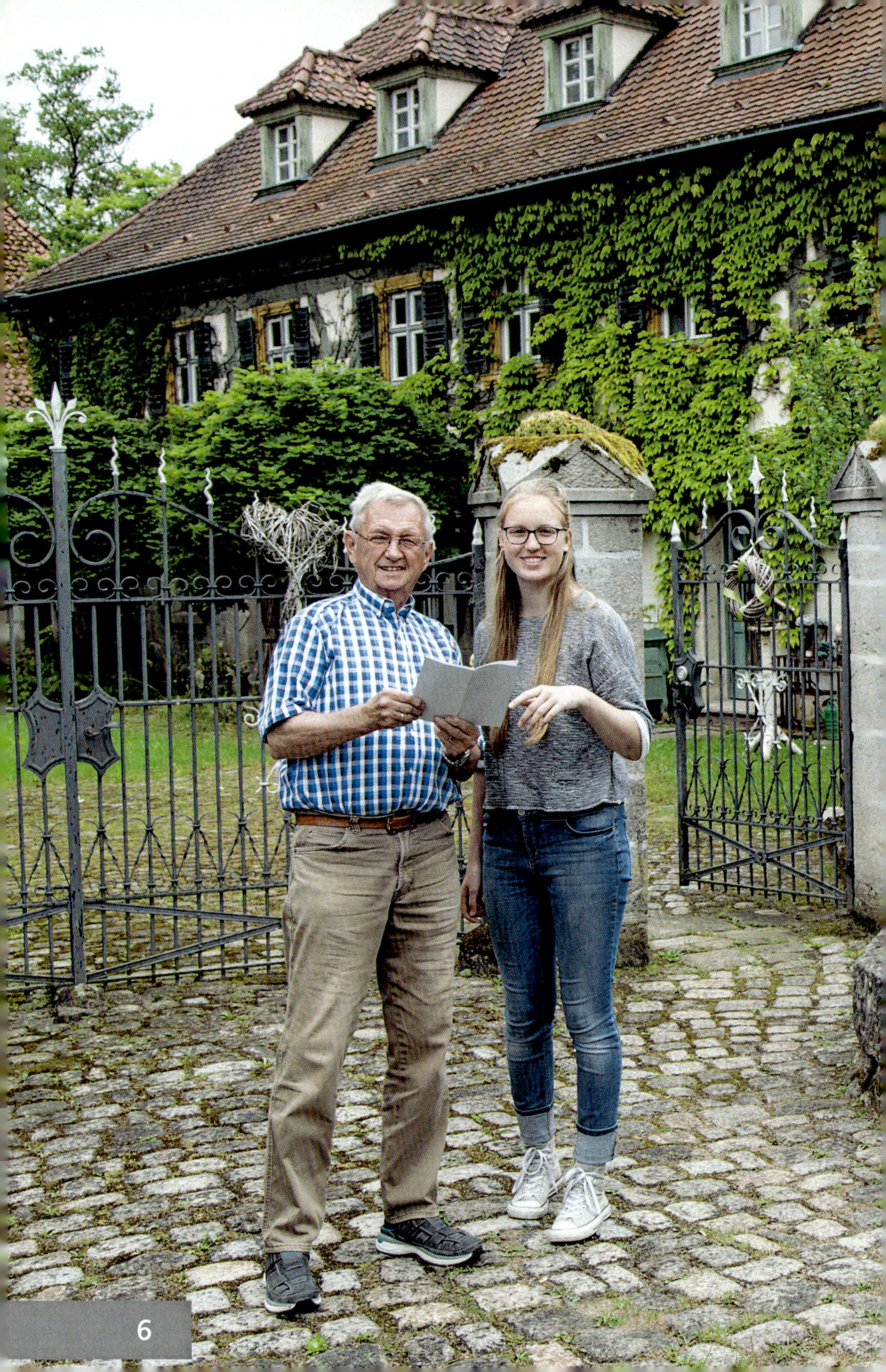

7

Inhaltsverzeichnis

Impressum 2

Vorwort 3

Die beiden hinter dem Buch 6

700 Lebensweisheiten für den Alltag 9

Vita Dieter Gropp 102

Vita Lisa Kindler 104

Der Spruch als Werbebotschaft 106

Mit einer Idee ging es los 108

Danksagung 110

Gedankensplitter

700 Lebensweisheiten für den Alltag

1. Es sind die Zitate, die mich lehrten,
über das Leben nachzudenken.
Eigene Aphorismen helfen mir,
mich mit meiner Umwelt
und mir selbst auseinanderzusetzen.

2. Wer sich selbst am meisten liebt,
hat kaum Gelegenheit, andere Dinge zu lieben.

3. Übertriebene Eigenliebe ist die Mutter
der Isolation nach außen.

4. Wer nur immer sich selbst sieht,
wird sich kaum anderen öffnen können.

5. Wenn dir etwas sehr schwerfällt,
dann verrichte es lächelnd
und schon geht es dir leichter von der Hand.

6. Wer alle Ereignisse versucht,
in ihrer konkreten Situation zu sehen,
vermeidet Irrtümer, Fehlschlüsse und Lügen.

7. Wenn du alles besser weißt,
wirst du kaum Neues entdecken.

8. Nimm dir von allem ein wenig und dein Leben wird bunt.
Ein Zuviel jedoch macht dich ungesund.

9. Jede Ehrlichkeit überhaupt beginnt
mit der Ehrlichkeit zu sich selbst.

10. Nur wenn du dich traust, wirst du Erfolg haben.

11. Wer eigene schlechte Gewohnheiten
seinen Widersachern andichtet,
trachtet danach, sein eigenes Ego aufzupolieren
und andere in Verruf zu bringen.

12. Ein „Erziehungsfaktor", der mit der Selbstständigkeit
der Kinder überflüssig wird,
kann durch Selbsterziehung ersetzt werden.

13. Kühne Ideen verhalfen der Zivilisation
zum heutigen Stand.
Um dies weiter zu vervollständigen,
sind neue kühne Ideen vonnöten.

14. Wenn du deine Schwächen nicht erkennst,
kannst du deine Stärken nicht nutzen.

15. Wirklich gute Gesprächspartner sind die,
die nicht nur gut reden,
sondern auch gut zuhören können!

16. Freude und geistige Befriedigung
wird der kaum erfahren, der nur auf Ruhe bedacht ist.
Mit einem trägen Kopf ist es, wie mit einem kalten Kamin:
man kann sich noch so quälen, es wird kein Rauch aufsteigen.

17. Wer Mauern erschüttern will,
muss gegen die Fundamente schlagen!

18. Dogmen sind mir zuwider und blockieren nur unnötig
die Flexibilität, die mir im Alter so wichtig ist.

19 So mach ich mir den Spruch zu eigen,
den ich heute will an dieser Stelle sagen:
Nur etwas tun und es auch zeigen,
lenkt ab von allem Missbehagen!

20 Erfolgsmenschen nehmen stets
den kürzesten Weg zwischen zwei Punkten –
Genussmenschen hingegen
freuen sich über jeden lohnenden Umweg.

21 Nicht eine Tätigkeit an sich ist entscheidend,
sondern der Zweck, dem diese Tätigkeit dient!

22 Die Umwelt lehrt uns,
wie sie geschützt sein will, um fortzuleben!
Ein jeder Besserwisser wird sich mitschuldig machen!

23 Glaubt nicht, wir Alten würden schon alles wissen!
Von den Jungen können wir sehr viel lernen.
Alt und Jung sind Antonyme, die einander bedingen!

24 Wer glaubt, alles zu wissen,
verbaut sich den Weg zu neuen Erkenntnissen.

25 Leuten, bei denen nur der Mund lacht,
begegne lieber mit Distanz –
wenn die Augen aber lachen,
kannst du Vertrauen haben.

26 Es sind die leisen Töne, auf die zu achten sich lohnt.

27 Es gibt Leute,
die über herumliegenden Schmutz schimpfen
und solche, die dabei helfen, die Welt sauberer zu machen.

28 Wer sich Fehler eingestehen und
sie auch korrigieren kann,
ebnet sich den Weg
für jegliche persönliche Weiterentwicklung.

29 Selbsteinschätzung: Ich stelle mich in Gedanken neben
mich und versuche, mich von außen zu beurteilen.

30 Die meisten Träume sind nur so lange schön,
wie sie Träume bleiben.
Werden sie Wirklichkeit,
so haben sie ihren Reiz verloren.

31 Eine Ehe wird dauerhaft sein, wenn es gelingt,
die rechte Balance zwischen Nähe und Distanz zu schaffen.

32 Wer sich immer nur an „Achtungszeichen" orientiert,
verlernt zu leben.

33 Die Angst tötet jeden mutigen Gedanken
und lähmt außerdem jegliches Handeln.

34 Vieles ist nicht so kompliziert wie es scheint –
wir neigen nur zu oft dazu, alles selbst zu komplizieren.

35 Ignoranten sind für mich solche Menschen,
die meist nur die für sie bequemen Wege gehen.

36 Auf „Vergessenes" sollte man nicht
zuerst bei anderen achten,
da man meist selbst eine ganze Menge vergisst.

37 Wenn wir die technischen Anforderungen bewältigen wollen, müssen wir mehr Emotionen schaffen, um nicht aus dem Gleichgewicht zu kommen – das kann eine der Aufgaben der Künste sein.

38 Lieber auch einmal einen Fehler machen, als ständig untätig zu sein.

39 Einen großen Teil der Probleme, denen wir uns gegenübersehen, machen wir uns selbst.

40 Eines werde ich wohl nie verlernen: auf mich und meine Umwelt neugierig zu sein.

41 Wer seine Grenzen auslotet, weiß im rechten Augenblick, wie weit er gehen darf.

42 Das Handeln anderer beurteile am besten in der Zeit, in der das Ereignis geschah und den dabei herrschenden Umständen. So lassen sich grobe Fehlurteile vermeiden.

43 Am liebsten kritisiere ich mich selbst, denn ich weiß am besten, wie ich mit Kritik umgehen kann.

44 Wer sich allein auf seinen eigenen Verstand verlässt, dem wird das Gefühl für seine Umwelt abhandenkommen.

45 Das Lernen beginnt bereits an der Mutterbrust und erst mit dem allerletzten Atemzug endet es.

46 Der „Tiefgang" der Gedanken garantiert im Leben eine sichere Fahrt.

47 Wer täglich nur „funktioniert", vergisst zu leben.

48. Nur wenn ich mir Zeit nehme zum Träumen,
werden mir die Sterne greifbarer.

49. Beurteile einen Menschen weniger nach seinen Worten,
sondern mehr nach den Grundzügen seines Wesens.

50. Die Lehren, die das Leben vermittelt,
sind viel wertvoller als jegliche Ermahnungen.

51. Die Summe der eigenen Erfahrungen
macht einen wesentlichen Teil unseres Handelns aus.

52. Wer etwas erreichen will,
muss bereit sein, Opfer zu bringen.

53. Willst du den ganz großen Frieden,
dann versuche ihn doch zuerst im Kleinen: mit dir, mit deiner Familie, mit deinen Freunden und mit den Nachbarn.

54. Manche Leute versuchen, mangelnde Intelligenz
durch Gewaltbereitschaft auszugleichen.

55. In der Zweisamkeit muss sich nicht der eine über den
anderen stellen wollen. Nur gemeinsam ist man gut.

56. Stark sein bedeutet,
dass einer des anderen Last mitträgt!

57. Das Prinzip „Ursache und Wirkung" erfordert,
sich den Ursachen primär zuzuwenden.
Sonst bleiben die Wirkungen unverständlich.

58 Wenn es dir nicht gelingt,
über deinen eigenen Schatten zu springen,
kannst du weitere „großen Sprünge" sein lassen.

59 Wer sich mit seinem Geist nicht behaupten kann,
versucht es mit seinen Fäusten.

60 Gewaltbereit ist meistens eine Eigenschaft
geistig zurückgebliebener Menschen.

61 Wer immer nur in seiner Vergangenheit lebt,
bleibt in der Gegenwart Außenseiter
und verschließt sich die Tür in die Zukunft.

62 Wenn du glaubst, in jeder Sache
deine eigenen Erfahrungen machen zu müssen,
verschwendest du wertvolle Zeit.

63 Öffnet sich für dich die Blüte des Erfolgs,
so sprießt die Häme der Neider wie Unkraut um dich herum.

64 Den Anforderungen des Lebens gerecht zu werden
heißt auch, kompromissbereit zu sein.

65 Es gibt unangenehme Mitmenschen, die meinen,
ihre Blicke hätten die Kraft, körperlich zu verletzen.

66 Ein umsichtiger Kapitän umschifft
gefühlvoll die Felsenriffe.
Der unbekümmerte Draufgänger hingegen
fährt gedankenlos dem sicheren Unglück entgegen.

67 Man kann nicht alles wissen.
Es kommt jedoch darauf an, unentwegt
an der Vervollkommnung seines Wissens zu arbeiten.

68 Was der Kopf nicht begreift,
brauchen die Hände gar nicht erst anzupacken.

69 Leg dich nicht mit anderen an,
wenn du mit dir selbst nicht klarkommst!

70 Unrecht greift gern und oft zur Gewalt.

71 Wer nur an sich selbst denkt,
kann andere nicht wirklich lieben.

72 Akzeptiere das, was du nicht begreifst,
einfach als gegeben.

73 Es wichtig, zwischen einem Grund
und einem Anlass genau zu unterscheiden.
Das eine wird oft für das andere gehalten.

74 Die schlimmsten Lügen sind die, die man selbst glaubt.

75 Man sollte sich zuerst um seine eigenen Probleme
kümmern, ehe man sich denen der anderen zuwendet.

76 Sofortreaktionen sind oft Fehlreaktionen.
Man sollte jedenfalls vorher die Folgen überdenken.

77 Nichts ist absolut.
Jedes Ding besteht aus veränderlichen Details.

78 Wenn man mir in meinem Umfeld Freuden missgönnt,
mobilisiere ich den Frohsinn in mir.

79. Zu oft wird Beharrlichkeit mit Sturheit verwechselt.

80. Der Perfektionismus lähmt jede Flexibilität.

81. Handle mit Vernunft,
aber vergiss nicht, dabei auch auf dein Herz zu hören.

82. Der Dogmatismus ist der ärgste Feind der Flexibilität.

83. Nicht nur beim Autofahren sollt man vorausschauend denken. Es lohnt in allen Lebenssituationen.

84. Ich beobachte gelegentlich Hundehalter,
die andere Menschen ebenso abfällig behandeln,
wie ihren eigenen Hund.

85. Im Leben gibt es keineswegs nur ein „Entweder–oder",
das Dasein ist vielfarbiger.

86. Es ist sehr einfach, das, was man nicht kennt, abzulehnen.
Viel gescheiter ist, es kennenlernen zu wollen.

87. Die meisten Jammerprobleme,
die man zu hören bekommt, sind hausgemacht.
Wer echte Probleme hat, versucht diese zu lösen.

88. Wenn die Selbstgunst besonders hoch ist,
verhält sich die Missgunst gegenüber anderen
proportional entgegengesetzt dazu.

89. Selbstsucht und Freundschaft schließen einander aus.

90 Lieber bei der Arbeit schwitzen,
als so lange zu zögern,
bis der Angstschweiß die Oberhand gewinnt.

91, Wer nur zu eigenem Nutzen denkt und handelt,
wird sehr schwer Freunde finden.

92, Sei tätig und du wirst länger und zufriedener leben
als der Untätige.

93, Wer hilfreich sein will,
darf nicht nur an sich selbst denken!

94, Frohsinn ist wie ein Kuss,
den man vom Himmel empfangen hat.

95, Wer unnachgiebig auf seinem Standpunkt verharrt,
dem ist Toleranz ein absolutes Fremdwort.

96, Erwarte nicht von einem Menschen,
der nur sein eigenes Handeln akzeptiert,
dass er sich in die Lage anderer versetzen kann.

97, Du glaubst, die Beichte spricht dich von aller Schuld frei
und erwartest dann noch mein Vertrauen zu dir?

98, Wer ein offenes Ohr hat,
dem wünsche ich auch ein offenes Herz.

99, Soll ich etwa warten,
bis mich der Himmel in seine Arme schließt?
Mein Paradies schaffe ich mir hier auf der Erde.

100, Der Seele, die darauf hofft, in den Himmel zu kommen,
fehlen die starken Wurzeln hier auf Erden.

101 Besser etwas falsch machen,
als gar nichts zu tun.

102 Nur mit Einfühlungsvermögen
kannst du Vertrauen aufbauen.

103 Bewahre dir dein kindliches Staunen bis ins Alter,
es ist der Schlüssel dafür, immer wieder Neues zu entdecken.

104 Schenkt den Kindern mehr Aufmerksamkeit,
wenn ihr wollt, dass sie eure Erfahrungen
übernehmen und weiter ausbauen!

105 Warum gönnen wir uns beim Betrachten der Welt
nicht die unvoreingenommene, naive Art unserer Enkelkinder?
Wir könnten noch viel Interessantes entdecken.

106 Aus einer naiven Art, sich dem Neuen zu nähern,
ist schon manche grandiose Erkenntnis gewonnen worden.

107 Es gibt so viele Wartezeiten im Leben, die wir besser
nutzen sollten, und sei es, um nachzudenken.

108 Bindungen und Neigungen ins rechte Verhältnis
zu setzen, gleicht einer Gratwanderung.

109 Wer glaubt, nur allein seine Beweggründe akzeptieren
zu müssen, wird nie Beweggründe anderer verstehen.

110 Jede Regel braucht ihre Ausnahme.
Ausnahmen aber dürfen keinesfalls zur Regel werden.

111 Kann es Sturheit sein, wenn man auf seiner Meinung
so lange beharrt, bis sie widerlegt ist?

112 Zum Vorbild werden Menschen, die sich aus ihrer
Bequemlichkeit befreien und Außergewöhnliches leisten.

113 Nimm dir die Natur zum Vorbild,
wenn du dein Leben gestaltest.

114 Die Schönheit des Menschen erschöpft sich nicht in seinem Aussehen, seine Ganzheitlichkeit ist entscheidend.

115 Unverständnis darf nicht rundweg
zur Ablehnung führen.
Man sollte sich erst recht für das Unverständliche
interessieren, um es sich zu erschließen.

116 Die Meinung mancher Leute gleicht einem jungen
Baum im Winde: sie schwankt mal dahin und mal dorthin.

117 Oft vermisse ich bei anderen die Gier auf Neues.
Wer jedoch mitreden will, muss sich dem Neuen öffnen!

118 Wenn es zwischen Großzügigkeit und Egoismus
zu entscheiden gilt, erkennt man den Freund.

119 Selbstgefälligkeit ist der größte Hinderungsgrund
für eine Freundschaft.

120 Distanzlose und von sich eingenommene Menschen
glauben oft, der Nabel der Welt zu sein.
Sie sind aber meist nicht mehr als ein unbedeutender Zwerg.

121 Das Alltägliche zu bewerkstelligen ist wichtig –
es kommt aber auch darauf an,
das Außergewöhnliche zu meistern.

122 Willst du kreativ sein,
dann musst du dem Alltäglichen das Besondere abringen!

123 Mehr als die anderen sieht man,
wenn man genauer hinschaut als die anderen.

124 Das schnelle Ändern der eigenen Meinung
ähnelt den Böen der Unwetterstürme
und kann verheerende Wirkung haben.

125 Wer Beharrlichkeit mit Sturheit gleichsetzt,
sucht für sich den bequemeren Weg.

126 Anspruchsvolle Ziele sind nur
mit großer Beharrlichkeit zu erreichen.

127 Wer aber unbedingt mit dem Kopf durch die Wand will,
muss Beulen in Kauf nehmen.

128 Der Wert einer Freundschaft wird messbar
am Inhalt gemeinsam verbrachter Stunden –
nicht aber an deren Anzahl.

129 Die Flexibilität ist der Garant
für die Lebensfähigkeit einer Theorie.

130 Wer Gegensätze beseitigen will,
sollte nach Gemeinsamkeiten suchen.

131 Eigene Standpunkte
erweisen sich als falsch oder richtig
in der Auseinandersetzung mit den Standpunkten anderer.

132 Je mehr der Geist gefordert wird, desto mehr kann man
ihm letzten Endes dann auch abverlangen!

133 Lügen und Halbwahrheiten
stehen den Erfolgen im Wege.
Der Erfolgreiche zeichnet sich durch
Ehrlichkeit und die Schaffung klarer Verhältnisse aus.

134 Zerfließe nicht in Tränen des Mitleides
bei den Sorgen und Nöten anderer.
Hilfe ist viel wichtiger!

135 Ist ein Vorwurf einmal ausgesprochen,
kann ihn auch kein Abschwächen mehr ungültig machen.

136 Sich selbst zum Besseren ändern zu wollen heißt auch,
die eigene Einstellung zu den Dingen zu ändern.

137 Pflanzen und Tiere müssen sich
der Umwelt anpassen, um zu existieren.
Der Mensch kann die Umwelt in bestimmtem Maße ändern,
dazu muss er sie aber erst einmal
erkennen und vor allem akzeptieren.

138 Mit eigener Sturheit
wird man die Welt nicht aus den Angeln heben –
nur Flexibilität kann
bei der Lösung der anstehenden Probleme helfen.

139. Wer das, was er nicht versteht, einfach ablehnt, wird sein Wissen niemals erweitern können.

140 Manche Menschen fürchten Ehrlichkeit
wie „der Teufel das Weihwasser"
und leben lieber auf den wackeligen Füßen der Lüge.

141 Wer lauthals von Bedrohung spricht
und Waffen an die Bedroher liefert,
dem sollte das Wort „Frieden"
im Halse stecken bleiben.

142 Wer „Tätigsein" aus Angst vor Fehlern scheut,
wird niemals etwas Rechtes zustande bringen.

143 Oft fragt man bei diesem oder jenem nach dem Sinn.
Manchmal weiß ich das selbst nicht.
Es regt mich jedoch an, etwas Vernünftiges daraus zu machen.

144 Die beiläufige Bemerkung, „das ist nichts für mich"
sollte viel ernster genommen werden, als sie gemeint ist.
Sie zeugt von Unvermögen und Desinteresse.

145 Du musst dich nicht mit dem Alltäglichen zufriedengeben.
Den größeren Reiz hat das Besondere.

146 Lasst mir meine kleinen Ecken und Kanten.
Ich brauche die Reibungswärme,
damit ich spüre, dass ich lebe.

147 Es ist nicht mehr das schöne Wort, das zählt –
nein, heut' regiert nur noch das Geld die Welt.

148 Hast du das Geld, dann hast du Zugang zu Gedichten.
Fehlt's dir, wird dich die Dummheit richten.

149 Reichtum, Besitz und Geld – was nützt es denn?
Das Herz muss überlaufen,
sonst wird dich Einsamkeit umgeben.

150 Boshaftigkeit lässt kaum Raum für Verstand.
Vertrauen jedoch ist der Boshaftigkeit wie ein Gespenst.

151 Freundschaft gleicht der Sonne.
Verdunkeln auch Wolken den Himmel,
sie strahlt trotzdem weiter.

152 Nicht der Wille wird geadelt –
geadelt einzig wird die Tat.

153 Mut ist, wenn man es trotzdem macht.

154 Bei meiner kreativen Arbeit gibt es für mich Anreger,
Mutmacher, jedoch auch Bremser unter den Betrachtern –
auf die Letzteren kann ich gern verzichten.

155 Schwierigen Situationen sollte man nicht ausweichen?
Besser ist es, sie beherrschen zu lernen.

156 Wer sich aus den Fehlern der anderen
eine Schutzdecke webt,
will die eigenen Fehler darunter verbergen.

157 Nimm dein eigenes Handeln in die Kritik -
das Handeln anderer versuche besser zu verstehen.

158 Glaubensfragen sind Gewissensfragen
und als solche zu akzeptieren.

159 Mein Hund ist ein besonders treuer Lebensgefährte
und so behandele ihn auch.
Aber manchem Menschen an deiner Seite
würde dies auch guttun.

160 Der auf Unfrieden Bedachte sucht sich
bei seinem Gegner meist die Angriffspunkte,
bei denen am wenigsten Widerstand zu erwarten ist.

161 Unverständnis ist die große Schwester des Spottes.

162 Gutes darf man ruhig durch die Suche
nach Besserem in Frage stellen.

163 Die Haltbarkeit der Freundschaft
zeigt sich erst bei einer Zerreißprobe.
Manche Freundschaft ist nur ein dünnes Fädchen,
andere aber ist fest wie ein Tau.

164 Zwei minderwertige Geschwister
sind der Perfektionismus und die Dominanz.

165 Es ist gescheiter, einen Traum weiter zu träumen,
als auf seine Verwirklichung zu warten.

166 Gegensätzliche und verschiedene Standpunkte
sollten einander akzeptieren und friedfertig
nach einvernehmlichen Lösungswegen suchen.

167 Um die natürliche Umwelt zu lieben,
sind ein klarer, geweiteter Blick, gesunder Verstand
und ein weites Herz vonnöten.

168. Der Erfolg kommt selten vom Müssen, sondern eher vom Wollen.

169 Es genügt nicht, nur ein kritischer Feststeller zu sein –
man muss verändern helfen!

170 Es gibt Leute, die malen gern Gespenster an die Wand
und sind selbst die Ersten, die sich davor fürchten!

171 Wer „den Teufel an die Wand malt"
sollte sich danach nicht furchtsam abwenden.

172 Wem Flexibilität der Gedanke eine Maxime ist,
dem wird man kaum Sturheit nachsagen können.

173 Kritik kann wie ein brutaler Stiefel sein,
der jedes noch so zarte Pflänzchen zertritt!

174 Wer sich mit dem Teufel verbindet,
sollte nicht überrascht sein,
wenn er sich in der Hölle wiederfindet.

175 Geisteskranke sind daran zu erkennen,
dass ihre Träger permanent immer wieder
den gleichen Unsinn von sich geben.

176 Durch ständiges Verneinen
kann man leicht zum ewigen Neinsager werden.

177 Wer in einem sterilen Raum sein Dasein fristet,
existiert nur. Richtig leben kann er nicht.

178 Wenn der Einzelne etwas nicht versteht,
heißt das noch lange nicht,
dass es auch wirklich unverständlich ist.

179 Heißt „Kritik", jedes jedem sagen zu dürfen?
Ist nicht das „Selbst" auch einer kritischen Betrachtung wert?

180 Wer alles ganz genau wissen will,
erfährt am Ende gar nichts.

181 Lass dich nicht von schwierigen Situationen
überwältigen, versuche, sie zu bewältigen.

182 Vermeide, über eine Sache zu urteilen,
deren Hintergrund du nicht kennst.

183 Wer neue Erfahrungen machen will,
muss alte Gewohnheiten hinter sich lassen.

184 Man kann nicht alles „schön" reden –
zur Glaubwürdigkeit gehört, die Dinge real zu sehen.

185 Ein Rückblick in die Tradition taugt nur dann etwas,
wenn man dadurch die Gegenwart besser erkennt
und zuversichtlich in die Zukunft schaut.

186 Kultur gehört zu den Pflichtaufgaben des Lebens.

187 Auch in jeder Unwahrheit
lässt sich ein Quäntchen Wahrheit finden
und die Wahrheit kann auch
ein Quäntchen Unwahrheit beinhalten.

188 Das Verständnis vom tiefen Sinn und die
Kenntnis vom genauen Sachverhalt eines Ereignisses
sind Grundvoraussetzungen für dessen richtige Beurteilung.

189. Liebe kann nicht erzwungen werden.
Man muss sie durch die eigene
angenehme Art und Weise hervorrufen.

190 Wahrheit ist immer subjektiv.

191 Träume verlieren ihren Reiz in dem Maße,
wie sie Wirklichkeit werden.

192 Heiterkeit und Humor
brauche ich wie die Luft zum Leben.

193 Nachdenken ist die Grundvoraussetzung
für jegliches Verstehen.

194 Wenn man einst an meinem Sterbebett
die Minuten zählt,
soll jede Sekunde eine gute Erinnerung bringen,
die mein Sterben für alle leichter macht…

195 Bedenke an deinem Ende nicht,
was du hättest alles noch erleben können.
Erinnere dich zufrieden daran, was du erlebt hast.

196 Eine gegebene Situation wird verständlicher werden,
wenn man darüber nachdenkt, wie sie entstanden ist.

197 Wenn es dir nicht gelingt, eine Situation zu bewältigen,
ist selten die Situation selbst daran schuld.

198 Friedfertigkeit setzt eine Menge Toleranz voraus!

199 Das Echo verrät in jedem Fall seinen Rufer!

200 Erziehung und Selbsterziehung
sind unzertrennliche Schwestern.

201. Wenn du denkst, nur du machst alles richtig,
machst du den ersten schwerwiegenden Fehler.

202. Toleranz ist eine wichtige Seite des Charakters,
nicht aber seine Negierung.

203. Mitdenken ist die höchste Form des Denkens und nur
das vorausschauende Denken ist noch vollkommener.

204. Auch wenn man Lügen immerzu wiederholt,
werden sie dadurch nicht zur Wahrheit.

205. Du musst es dir nicht nur vornehmen,
du musst es auch tun.

206. Wenn dir etwas sehr schwerfällt,
dann verrichte es lächelnd
und schon geht es dir leichter von der Hand.

207. Wer die Umstände ändern will,
muss bereit sein, auch sich selbst zu ändern.

208. Die Tatsachen wider besseren Wissens
auf den Kopf zu stellen, macht Lügner und Unruhestifter.

209. Dummheit und Boshaftigkeit
sind sehr eng miteinander verwandt.

210. Egoismus und umsichtiges Handeln
sind ziemlich krasse Gegensätze.

211. Die Seite und die Kehrseite sind die Teile eines Ganzen.

212 Freundschaft ist wie ein tief verborgener Schatz,
den zu heben sich lohnt.
Dieser Schatz gehört zu den echten Werten
und macht glücklich.

213 Wer nicht weiß, was er tut, weiß auch kaum,
wer er ist und warum er etwas tut.

214 Gründliche Vorarbeit im Kopf ist die Voraussetzung
für jegliches sinnvolle Handeln.

215 Wer klarsichtig und weitsichtig handelt,
ist auf gutem Weg – der umsichtig und im
Zusammenhang Handelnde aber wird der Erfolgreichste sein.

216 Aggressionen beginnen oft dort,
wo es keine vernünftigen Argumente mehr gibt.

217 Wo das Verständnis aufhört,
beginnen oft die Beleidigungen.

218 Das Alltägliche erledige,
das Besondere jedoch genieße.

219 Vertrauen ist der Nährboden,
auf dem Freundschaft wächst.

220 Wer immer nur mit eigenem Maßstab misst,
ist leicht vermessen.

221 Zu urteilen, ohne die Fakten zu kennen,
führt zwangsläufig zu Fehlurteilen.

222 Auch wenn Sonne und Mond meine Träume anziehen –
zu Hause bin ich hier auf der Erde.

223. Flexibilität bewahrt man sich am besten,
wenn man akzeptiert, dass es jedes Mal anders ist.

224. Wer aufhört, neugierig zu sein,
hört mit dem Lernen auf.
Wer aufhört mit dem Lernen,
hört auch auf zu leben.

225. Wer noch nie eine Suppe versalzen hat,
der ist kein richtiger Koch.

226. Nur der beweist echten Humor,
der auch über sich selbst lachen kann.

227. Du kannst nicht immer gescheit sein.
Du musst die Dummheit nur im
rechten Moment zu verbergen wissen.

228. Spötter sind Leute,
die ihre Handlungsunfähigkeit verbergen wollen.

229. Wer seinen Gegner unterschätzt, hat schon verloren,
noch ehe er richtig begonnen hat.

230. Wozu Reichtum in der Brieftasche?
Meinen Reichtum mehre ich in meinem Kopf
und lasse ihn Wissen werden.

231. Mit Lügen geht man oft zwar bequemere Wege.
Mit der Wahrheit jedoch sind die Wege ehrlicher beschritten.

232. Wahrheit wird oft härter bestraft als die Lügen.

233 Wer die Lust zu sinnvoller Beschäftigung verloren hat,
darf sich getrost als „alt" bezeichnen.

234 Du musst deine Grenzen nicht kritiklos anerkennen,
du darfst auch versuchen, sie zu erweitern.

235 Wer anderen Fallstricke legt,
kann sich leicht selbst darin verfangen.

236 „Ändere die Welt, denn sie braucht es!" –
Ändere dich, denn vor allem du brauchst es,
wenn du die Welt ändern willst.
Wer soll die Welt ändern, wenn nicht wir?
(nach einem Zitat von Berthold Brecht)

237 Antworten lassen sich kaum im „Großen und Ganzen"
finden – die Wahrheit liegt immer im Detail.

238 Weniger beachtenswert sind die großen Gesten –
die kleinen Gesten sagen viel mehr aus.

239 Wer Kompromisse ablehnt, wird nie Frieden haben,
weder im Kleinen noch im Großen.

240 Sturheit und Toleranz
sind unversöhnliche Gegensätze.

241 Der Nachtragende wird schwerlich
auch ein Friedfertiger sein können.

242 Nicht allein das Wort überzeugt –
es bedarf der Tat.

243 Das Glück wird man kaum auf direktem Wege finden –
auf Umwegen gefundenes Glück ist auch dauerhafter.

244 Wahrheit ist nicht, wie die Dinge scheinen.
Wahrheit ist, wie sie in Wirklichkeit sind.

245 Wenn du der bleiben willst, der du bist,
musst du dich täglich verändern.

246 In jedem steckt etwas Göttliches,
aber auch etwas Teuflisches.
Überwiegt das Göttliche,
dann kann Freundschaft wachsen,
wenn aber das Teuflische überwiegt,
wird Freundschaft unmöglich sein.

247 Zum „Insider" kann man sich nicht selbst ernennen.
Nur durch harte Arbeit und überragendes Wissen
kann man zum „Insider" werden.

248 Wer überall seine eigenen Erfahrungen machen will,
verschwendet viel unnötige Zeit.

249 Je mehr jemand auf sich selbst fixiert ist,
desto weniger wird er bereit sein,
sich durch seine Umwelt beeinflussen zu lassen.

250 Man kann nicht immer
die eigenen Lasten auf andere abwälzen.
Der Bibelspruch
„Einer trage des anderen Last"
ist ein zu beachtender Faktor beim Zusammenleben.

251 Die Einsicht ist eine Grundvoraussetzung
für die Anerkennung berechtigter Kritik.

252 Wie die von Stürmen aufgewühlten Wellen fliegen
meine Gedanken dahin und gischten donnernd gegen die Ufer.
Wenn dann wieder Ruhe herrscht,
sammele ich das Strandgut auf und baue mir daraus Verse.

253 Wer bestehende Gegensätze
erfolgreich beseitigen will,
sollte seine Strategie auf das Suchen
von Gemeinsamkeiten richten.

254 Da ich es einigen Leuten
überhaupt nicht recht machen kann,
so sehr ich mich auch bemühe,
mache ich es einfach so, wie ich will.

255 Je dogmatischer an die Lösung von
Problemen herangegangen wird,
desto mehr geraten sie außer Kontrolle.

256 Manchmal überlege ich,
ob ich mein Altwerden mit Trauer begleiten soll
oder mit Freude darüber,
dass ich überhaupt so alt werden durfte.

257 Was war, darf nicht vergessen werden.
Wichtiger ist jedoch, dafür zu leben, was sein wird.

258 Es ist nicht entscheidend, welche Fragen du stellst,
sondern wie du sie beantwortest.

259 Auch wenn man Bücher zerreißen und verbrennen kann – die Gedanken darin lassen sich nicht vernichten.

260 Bedenke: alles Positive hat auch negative Seiten –
also wäge ab.

261 Wer Brücken zerstört,
sollte nicht darüber klagen,
dass er das andere Ufer nicht mehr erreichen kann.
Ein Zurück ist auch nicht mehr möglich!

262 Perfektes Glück ist undenkbar,
jedoch steigert die Hoffnung darauf die Bereitschaft,
Hindernisse überwinden zu wollen.

263 Dem, was heute ist, sollten sich die Statiker zuwenden.
Interessanter ist es,
wie man das Heute für die Zukunft nutzen kann.

264 Respekt beginnt damit, zu akzeptieren,
dass das Glück des einen nicht unbedingt auch
das Glück des anderen sein muss.

265 Wer seine Grenzen mit Bedacht
und vertretbarem Risiko auslotet,
entdeckt überraschend auch seine Reserven.

266 Wer kein Geschick im Umgang mit Tieren hat,
der wird auch kein Geschick im Umgang
mit seinen Mitmenschen haben.

267 Wer versucht,
seine Handlungen auch einmal vom Standpunkt
eines Außenstehenden zu betrachten,
handelt besonnener.

268 Es lohnt nicht die Mühe,
über seine Lebenserwartung nachzudenken,
sondern lieber darüber, wie man die verbleibende Zeit
am Nutzbringendsten gestalten kann.

269 Wer im Alltäglichen das Besondere sucht,
ist ein kreativer und phantasievoller Mensch.

270 Das Ganze vervollkommnet sich
durch die vielen Kleinigkeiten und Details.

271 Dauerhaft stereotyp handeln birgt in sich die Gefahr,
in eigenen Fesseln gefangen zu werden.

272 Je höher der materielle Besitztum,
desto geringer sind meist die menschlichen Bindungen.

273 Wer Ereignisse und Geschehnisse nicht hinterfragt,
sollte sich besser einer Beurteilung enthalten.

274 Soll diese Welt friedlich sein,
dann müssen wir zuerst friedlich sein in ihr.

275 Nicht mit erhobenem Zeigefinger
durchs Leben gehen – mit einem
verschmitzten Lächeln kommt man eher zum Ziel.

276 Mein Morgengesicht hellt sich sofort auf,
wenn Melodien in mir klingen. Dann wird es ein guter Tag.

277 Jenem, der seine Arbeit ruhig und besonnen verrichtet,
wird auch Erfolg beschieden sein.

278 In der heutigen Gesellschaft verfällt der Lebenspartner
immer mehr zum Gebrauchsgegenstand.
Wenn er überflüssig wird,
wechselt man ihn einfach aus.

279 Der zu beobachtende Werteverfall
in unserer Gesellschaft macht auch um die Ehe keinen Bogen.

280 Unsere Wegwerfgesellschaft wirft leider auch
manche moralischen Werte weg.

281 Ein wirklicher Spaßvogel ist nur der,
der auch Spaß verstehen kann.

282 Vortragende und auch Gesprächspartner
sind dann gut beraten,
wenn sie auf das Echo ihrer Worte bei den Zuhörern achten.

283 Ästhetische Kategorien lassen sich schlecht miteinander
vergleichen – sie sind zutiefst persönlichkeitsgebunden.

284 Das Erwachsensein ist weniger eine Altersfrage
als vielmehr eine Lebensauffassung.

285 Wer hinter jedem Menschen einen Feind sieht,
wird kaum Freunde finden.

286 Nur genaues Hinschauen
garantiert auch das Wahrnehmen von Details.

287 Dem Oberflächlichen bleiben
wesentliche Teile seiner Umwelt verschlossen.

288 Es ist erst das Detail,
welches das Ganze interessant macht.

289 In Schützengräben der Kriege
ruhten Heiligabend die Waffen.
Soldaten fanden über alle Feindschaften hinweg zueinander.
Anderntags jedoch wurde das gegenseitige Töten fortgesetzt.
Warum?

290 Es ist nicht nur das Wollen,
was dir Berge in den Himmel wachsen lässt.
Du musst vor allem etwas tun!

291 Freundschaft ist wie die strahlende Sonne –
verdunkeln auch Wolken den Himmel,
sie erhellt trotzdem noch unsere Umwelt.

292 Wer sich nur bequeme Wege sucht,
kommt sicherlich auch an sein Ziel.
Mehr erlebt jedoch der,
der auch den Umweg nicht scheut.

293 Lasst es Blüten regnen statt Bomben und Granaten!

294 Menschen gleichen den Magneten.
Die einen üben eine große Anziehungskraft aus –
die anderen stoßen eher ab.

295 „Dominanz" beginnt mit dem Buchstaben „D",
ebenso wie „Dummheit".

296 Nur wer Freude ausstrahlt, wird auch Freude empfangen.

297 Wirklich gute Gesprächspartner sind die,
die nicht nur gut reden, sondern auch gut zuhören können.

298 Warum sich, älter werdend,
den neuen Dingen verschließen?
Mit eigener Bequemlichkeit
nährt man Ängste vor jeglicher Veränderung.

299 Manchmal bin ich wie ein Ballon zwischen Himmel und Erde. Entweder werde ich vom Winde der Bewegung durchgeschüttelt oder auch von Flauten bewegungslos gemacht. Ich liebe jedenfalls die Turbulenzen!

300 Verändern kann nicht bauschiger Wortschaum -
das zu Sagende sollte von gut durchdachter Konsistenz sein.

301 Wer „bis aufs Messer" streitet, ist eher dumm.
Der Kluge überlegt und wägt seine Worte ab.
Und er kann nachgeben.

302 Es ist schön,
wenn dir beim Verrichten deiner Arbeit Hilfe angeboten wird.
Versucht der Helfer aber, dir seinen Willen aufzuzwingen,
kannst du gern darauf verzichten.

303 Selbstbewusstsein und Egoismus
sind wie Hund und Katze:
treu, aufrichtig und anhänglich das eine – mit wägendem
Abstand, dominant, unberechenbar und falsch das andere.

304 Willst Du Dinge und Geschehnisse verstehen,
musst du die Gründe dafür hinterfragen!

305 Nicht so viel darüber reden,
was man alles tun könnte – einfach beginnen.

306 Erfolgsmenschen nehmen stets den kürzesten Weg zwischen zwei Punkten – Genussmenschen hingegen freuen sich über jeden lohnenden Umweg.

307 Positiv denken heißt auch, nicht die Abstürze zu zählen, sondern die Male, wo man wieder auf die Beine gekommen ist.

308 Wer Güte empfangen will, muss selbst gütig sein.

309 Mitunter muss man ein kleines Übel akzeptieren, um ein größeres abwenden zu können.

310 Aller Neid liegt im Egoismus begründet. Wer neidisch ist, missgönnt den anderen den Erfolg.

311 Immer wieder kann man erleben, dass unangenehme Zeitgenossen ständig die Auseinandersetzung suchen, anstatt mit den Nachbarn in Frieden zu leben.

312 Was man anderen abverlangt ist das Mindeste, was man sich selbst abverlangen sollte.

313 Richtig analysieren und schlussfolgern kann man nur, wenn man sich sehr genau mit der Sachlage vertraut macht.

314 Wenn du den unangenehmen Dingen genau so ruhig gegenübertreten kannst wie den angenehmen, dann beweist du Stärke.

315 Wer nur bei anderen nach Fehlern sucht, wird seine eigenen bald nicht mehr wahrnehmen.

316 Überheblich zeigt sich derjenige,
dem es an eigenem Wissen mangelt
und fehlende Fähigkeiten zu verbergen sucht.

317 Überheblichkeit ist das äußere Kennzeichen
eigener Unvollkommenheit.

318 Wer nur akzeptiert, was er selbst begreift,
sollte an der Erweiterung seines Wissens arbeiten,
anstatt sich selbstzufrieden zurückzulehnen.

319 Niemand handelt ohne Grund.
Willst du fremdes Handeln verstehen,
dann hinterfrage die Gründe dafür.

320 Fliegen kann man nur gegen den Wind!

321 Schwierige Probleme
lassen sich emotionslos besser lösen.

322 Nicht wer sich schont findet Erfüllung.
Nur wer sich aufopfert, wird am Ende glücklich sein.

323 Nicht die Tätigkeit verdirbt den Charakter,
sondern die Untätigkeit.

324 Wer schon beim Versuch scheitert,
eine Aufgabe zu durchdenken,
sollte den Mut haben, die Finger davon zu lassen.

325 Entfalte deine „Flügel" und wende dich dem Wind
entgegen, dann wirst du an Höhe gewinnen.

326 Erziehung ist Arbeit.
Selbsterziehung ist Schwerstarbeit.

327 Stillstand ist die Todeserklärung
für jegliche Lebendigkeit,
besonders in der künstlerischen Arbeit.

328 Wer nur den Weg des geringsten Widerstandes sucht,
wird es schwer haben,
ein anspruchsvolles Ziel zu erreichen.

329 Wenn du an der Richtigkeit deines einzuschlagenden
Weges zweifelst, dann frage dein Herz danach.
Der Verstand allein ist oft ein schlechter Wegweiser.

330 Ruhe, Gelassenheit und Geduld
sind gute Helfer bei deinem Weg zum Ziel.

331 Eine der Brücken auf dem Weg zum Ziel
heißt Beharrlichkeit.

332 Das Verb mit der Vorsilbe „un-„
kann dir viele Wege von vornherein verbauen.

333 Selbstzufriedenheit bremst jeglichen Drang
nach Neuem und verhindert die Erweiterung des Wissens.

334 Für seine Dummheit
trägt jeder selbst die Verantwortung.

335 Wer nicht bereit ist, sich zu verändern,
wird hinter seiner Zeit zurückbleiben.

336 So, wie sich die Lebensumstände ändern,
muss man sich selbst ändern.
Die Alternative dazu wäre:
die Lebensumstände selbst für sich zu ändern!

337 Dem Oberflächlichen
bleiben die Geheimnisse der Tiefen verborgen.

338 Wer Misserfolge nicht zulässt
und immer auf „Nummer sicher" gehen will,
wird Wesentliches für sich nicht erkennen können.

339 Immer alles richtig machen kann kein Mensch.
Fehler sind dazu da, um sie zu korrigieren
und dabei zu lernen.
Das Ergebnis dabei nennt man „Erfahrung".

340 Es wird keinen Frieden geben auf unserer Welt,
solange die Religionen gegeneinander Kriege führen.

341 Wenn du Angst hast, Fehler zu machen, wirst du es schwer haben, zu einem praktischen Ergebnis zu kommen.

342 Wer meint, immer alles richtig machen zu müssen,
begeht damit schon den größten Fehler.

343 Es gibt keine absolute Freiheit!
Freiheit trägt immer die Last
der vorherrschenden Gesellschaft.

344 Woran glaubt der Ungläubige?
Glaubt er nicht einmal an sich selbst?

345 Wer Niederlagen nicht verkraftet,
sollte lieber keine „Höhenflüge" wagen.
Der Absturz kann sehr schmerzhaft sein!

346 Nie wird man so vollkommen sein,
dass man auf die Mühen verzichten kann,
noch vollkommener zu werden.

347 Wer wessen Geistes Kind ist, erkennt man daran,
welche Traditionen er pflegt.

348 Wenn sich Intelligenz
mit anderen positiven Werten paart,
wird man leicht in eine ungewollte Vorbildrolle gedrängt.

349 Intelligenz mit Lebenserfahrungen zu koppeln,
bedeutet einen entscheidenden Schritt,
um zu Weisheit zu gelangen.

350 In eine Vorbildrolle gedrängt zu werden, bedeutet auch
den Verzicht auf Unbeschwertheit und legt Zwänge auf.

351 Die Quelle des Glücks liegt wesentlich
in einer positiven Lebensauffassung.
Daraus folgt, dass Pech durch Negatives gemehrt wird.

352 Schütze Verantwortungsbewusstsein
durch Standhaftigkeit vor negativen Einflüssen.

353 Lass dich niemals
von einem eingeschlagenen Weg abbringen.
Es gibt viele Wegweiser, die in die falsche Richtung zeigen.

354 Ausgenutzte Ehrlichkeit liegt dicht bei der Dummheit.

355 Ehrlichkeit wird oft als Dummheit verrufen.
Der Unehrliche dagegen gilt als perfekt und raffiniert.

356 Wenn positive Werte eines Menschen unter negativen
Einfluss geraten, schlagen sie schnell ins Gegenteil um.

357 Starke Stürme drohen dich aus der Bahn zu werfen,
wenn du dich ihnen nicht energisch genug entgegenstemmst.

358 Diplomatie erfordert Feinfühligkeit.
Fehlt sie, wird man zum „Elefanten im Porzellanladen".

359 Wer immer und überall ungestüm auf sein Ziel zustürmt,
läuft Gefahr, am Ziel vorbeizuschießen.
Den rechten Zeitpunkt abzuwarten und mit Weitblick
das Ziel anzuvisieren, garantiert hingegen den Erfolg.

360 Sterne sind mehr als pure Himmelskörper.
Sie helfen Schiffen und sogar Menschen bei der Kurssuche.

361 Lass ruhig die Angst dir scherzhafter Begleiter sein,
nur beherrschen lassen darfst du dich von ihr nicht.

362 Wenn du dir immer nur das Beste einverleibst,
bist du zwar zufrieden, aber langlebiger auf keinen Fall.

363 Jeder macht Fehler. Stärke beweist der,
der sich seine Fehler eingesteht und korrigiert.
Wer seine Fehler zu vertuschen sucht,
begeht bereits neue Fehler.

364 Wer Erfolg hat, ruft sofort Neider auf den Plan, die versuchen, an deinem Image so lange zu kratzen, bis sie irgendeine Schwachstelle bei dir finden.

365 Selbstherrlichkeit schafft die Illusion eigener Größe. In Wirklichkeit wird man aber eher unbedeutender dadurch.

366 Nicht Tätigkeit an sich ist entscheidend, entscheidend ist der Zweck, dem eine Tätigkeit dient.

367 Es gibt Leute. die immer nur „austeilen" wollen. Wen sie etwas „einstecken" müssen, rollen große Krokodilstränen und sie verlieren den Glauben an sich selbst.

368 Rechthaberei ist das äußere Kennzeichen von mangelndem Wissen.

369 Menschliche Werte sollte man nicht zu Markte tragen, sondern danach trachten, sie unaufhörlich zu mehren.

370 Klugscheißer sind Leute, die den Eindruck erwecken wollen, alles zu wissen und alles zu können. Die wirklich Wissenden sind lernbereit und mehren ihre Erfahrungen.

371 Abstraktes theoretisches Wissen ist totes Kapital. Lebendig wird es durch erfolgreiche Anwendung in der Praxis.

372 Die Entwicklung von Natur und Gesellschaft sollte nur auf evolutionärer Basis erfolgen. Revolutionäre Entwicklung hinterlässt viele Schäden und ist oft nicht nachhaltig genug.

373 Klein und bescheiden zu bleiben, verschafft Größe und Ansehen.

374 Der Geist wird vom Kapital
aus dem Feld geräumt und zu seinem Feind erklärt.

375 Je stärker der Gegenwind,
desto mehr muss man sich ihm entgegenstemmen.
Dieser Zusammenhang ist allgemeingültig.

376 Spuren sind nur dann nützlich,
wenn man sie auf der Erde hinterlässt.
Himmelsspuren zerreißt der Wind.

377 Nur etwas tun lenkt ab von körperlichem Missbehagen.

378 Es ist nicht das Äußere,
das über „sympathisch" oder „unsympathisch" entscheidet.
Das Wesen eines Menschen trifft diese Entscheidung.

379 Schau nicht so oft in den Spiegel.
Horche lieber tief in dich hinein, um zu wissen, wer du bist.

380 Zu einem gesunden Selbstwertgefühl
gehört auch eine ehrliche Selbstkritik.

381 Aggressivität gegenüber dem Widersacher
wird noch aggressiver durch die
hetzerische Gefährlichkeit des Gegners.

382 Willst du wissen, ob der Baum noch gesund ist,
dann schaue dir seine Blätter an.

383 Es ist die Toleranz,
die vor dominantem Verhalten schützt?!

384 Großzügig zu sein heißt auch,
den Willen anderer zu respektieren.

385 An seiner Einstellung zur Kultur
erkennt man wesentliche Seiten bei einem Menschen.

386 Manche Leute sind zu eitel, einen Fehler zuzugeben.
Für sie haben die Ausreden den höchsten Gebrauchswert.

387 Du musst dich nicht von Eile treiben lassen,
die Freude kommt mit der ruhigen Beständigkeit.

388 Dominante Menschen pflegen regelrecht
ihr Misstrauen gegenüber anderen.

389 Dominanz ist mit der Rechthaberei verschwistert.

390 Wissen wird erst dann zu einem wichtigen Faktor,
wenn man es auch anwenden kann.

391 Aus überflüssigem Warten
wird schnell Ungeduld und die löst Unruhe aus.

392 Vor meiner Umwelt muss ich nicht im Glanz erstrahlen.
Wichtiger ist mir, dass ich eins bin mit mir selbst.

393 Manch einer sieht Probleme, wo gar keine sind.
Und dort, wo Probleme sind, werden die Augen verschlossen.

394 Manche Menschen
sind wie abgefahrene Sommerreifen:
ihnen fehlt jegliches Profil.

395. Wenn sich Dummheit mit fanatischem Egoismus verbindet, entsteht ein gefährliches und explosives Gemisch.

396. Erziehen kann ich nur dann richtig, wenn ich mich dabei auch selbst mit erziehe.

397. Der Mut zu vertretbaren Risiken kann verändern helfen.

398. Gegensätze lassen sich leichter überwinden, wenn man die Gemeinsamkeiten aufspürt, und auf deren Basis den Konsens sucht.

399. Eigene Standpunkte lassen sich auf Richtigkeit überprüfen in der ehrlichen Auseinandersetzung mit den Standpunkten anderer.

400. Wer das Risiko scheut, wird immer an der Oberfläche bleiben.

401. Je mehr man den eigenen Geist fordert, desto mehr kann man ihm auch abverlangen.

402. Wenn Unverständnis zur Ablehnung führt, verstärkt sich der Eindruck der Dummheit.

403. Lügen und Halbwahrheiten führen oft zum Misserfolg.

404. Anstatt beim Schaden anderer vor Mitleid zu zerfließen, sollte man lieber über schnelle Hilfe nachdenken.

405. Wenn ein Vorwurf ausgesprochen ist, hilft auch das nachträgliche Abschwächen nicht mehr.

406 Wenn Unverständnis zur Ablehnung führt,
verstärkt sich der Eindruck der Dummheit.

407 Die Kehrseite der Sentimentalität ist die Brutalität.

408 Es gehört mehr Mut dazu, seine Meinung zu ändern,
als auf alten Standpunkten zu beharren.

409 Meine Träume brauche ich nicht
zu den Sternen zu schicken,
denn mein Paradies schaffe ich mir hier auf der Erde.

410 Über Erfolge freue dich aufrichtig,
dann wirst du mit Niederlagen besser umgehen können.

411 Unsere heutige, sachlich nüchterne Zeit schreit förmlich
nach Romantik und warmherziger Menschlichkeit.

412 Das Glück findest du zuerst bei fröhlichen Menschen.

413 Wenn du ein Ziel erreichen willst,
musst du schon den ersten Schritt richtig setzen.

414 Der Unterschied zwischen „Kennen" und „Beherrschen"
macht die Klugheit aus.

415 Einen Freund zu finden
bei eitlem Sonnenschein ist sehr leicht.
Im Unwetter musst du sehr nach ihm suchen.

416 Wenn du dich bemühst, das Einfache zu bewältigen,
wird dir auch das Komplizierte gelingen.

417 Rede nicht so viel vom „großen" Frieden.
Sorge dich erst einmal um den „einfachen" Frieden
in deiner Umgebung.

418 Je stärker der Sturm,
desto mehr Kräfte brauchst du, ihm zu trotzen.
Der Schwächling wird dem ersten stärkeren Wind
zum Opfer fallen

419 Warum soll ich nach dem Himmel streben,
meine Spuren hinterlasse ich hier auf der Erde.

420 Für manche Leute ist Stress
nur zur Schau getragene Geschäftigkeit.

421 Egoisten zielen mit ihrer Kritik auf andere,
nie aber auf sich selbst.

422 Erfolgreich zu sein heißt,
das Wichtige vom Unwichtigen unterscheiden zu können.

423 Klischeedenken ist eine Fessel
für jede Flexibilität und Toleranz.

424 Es nützt nichts, in Panik zu verfallen,
wenn man das Wort „Veränderung" hört –
man muss sich ihr mutig stellen.

425 In einer Beziehung
sind die beiderseitigen Freiräume sehr wichtig.
Andernfalls wird die Beziehung schnell zur Fessel.

426 Liebe musst du dir durch die eigene Art und Weise verdienen. Von allein kommt sie nicht zu dir.

427 Jede Theorie, die zum Dogma wird, ist zum Scheitern verurteilt.

428 Beginne den Tag mit dem Gedanken an einen guten Freund und an eine schöne Melodie, dann wird dein Tag ein guter Tag werden.

429 Auf der Ehrlichkeit zu sich selbst basieren alle Erfolge.

430 Erst das richtige Reagieren auf Veränderungen der Realität macht theoretisches Gedankengut lebensfähig.

431 Jede Theorie muss lernfähig bleiben. Das Dogma ist ihr Untergang.

432 Das Kritisieren anderer ist mittlerweile zum Volkssport geworden. Die Selbstkritik zählt eher zum Extremsport.

433 Wer eine Frage mit einer Gegenfrage beantwortet, drückt sich vor einer Antwort.

434 Nur wer vorurteilsfrei handelt, handelt gerecht.

435 Dem Vergessen ist unverzichtbar das ehrliche und unvoreingenommene Erinnern entgegenzusetzen.

436 Messbar wird der Wert des Menschen an seinen Taten, nicht aber an seinen Worten.

437 Je älter ich werde, desto mehr rückt der Tod in den Hintergrund und ich denke darüber nach, wie ich mein Leben noch aktiver und interessanter gestalten kann.

438 Von Leuten, die nicht mit Kritik umgehen können, kann man Selbstkritik nicht erwarten.

439 Wenn in der Zweisamkeit die Worte immer rarer werden oder sich auf längst Gesagtes und oft Wiederholtes beschränken, wird es Zeit, darüber nachzudenken, wie die Beziehung neu belebt werden kann.

440 Selbstbetrug kann fatale Folgen für den Selbstbetrüger haben.

441 Erziehung kann nur erfolgreich sein, wenn sie durch Selbsterziehung ergänzt wird.

442 Sauberkeit ist mehr als ein Zugeständnis an Notwendigkeiten – Sauberkeit ist eine Geisteshaltung.

443 Viel besser, als blendende Äußerlichkeiten zur Schau zu stellen, ist die Konzentration auf die Vervollkommnung der eigenen inneren Werte.

444 Nicht zu beneiden sind Menschen, die sich auf keinem „Parkett" zu bewegen wissen.

445 Den berühmten „grünen Daumen" wird man nie bekommen, wenn man seinen Garten nur aus der „Liegestuhlperspektive" kennt.

446 Du hast deinen Lebenssinn erfüllt,
wenn du einige Spuren hinterlässt.

447 Willst du richtige Entscheidungen treffen, horche tief in dich hinein und finde heraus, was dein Herz dazu sagt.

448 Ordnung schaffen ist gut und richtig, Ordnung halten aber ist viel besser und wirkt nachhaltiger.

449 Egoisten haben es sehr schwer, sich in die Lage anderer zu versetzen.

450 Toleranz heißt auch, neben der eigenen Meinung andere Meinungen gelten zu lassen.

451 Seelig sind oft die, die nichts wissen. Die Wissenden sind die Unzufriedenen, die immer nach höherem Wissen streben und dabei nie Ruhe geben.

452 Hilfreich sein kann man nicht ohne Herz für die Nöte anderer.

453 Zu Lebensmut kommt man, wenn man das Leben liebt – trotz alledem!

454 Schönheit ist nicht die äußerliche Makellosigkeit, sondern die inneren Wertevorstellung.

455 Lobe dich ruhig auch selbst für deine Erfolge, aber deine Misserfolge betrachte kritisch und ziehe daraus die richtigen Schlussfolgerungen.

456 Tausend Dinge kannst du richtig machen - begehst du einen einzigen Fehler, stürzen sich deine Neider wie Hyänen auf dich.

457 Rechthaberei macht jedes gute Gespräch zunichte.

458 Egoismus erkennt geordnete Verhältnisse kaum an und fördert stattdessen die Streitlust.

459 Großzügige Menschen brauchen sich wegen ihrer Anerkennung in der Gesellschaft keine Sorgen zu machen.

460 Dummheit neigt zur Selbstzufriedenheit, Klugheit dagegen oft zur Unzufriedenheit mit sich selbst.

461 Die gelegentliche Unzufriedenheit mit sich selbst ist der Balsam für den gesunden Ehrgeiz.

462 Der Ehrgeizige hüte sich vor jeglichen Übertreibungen, denn der Weg zu übertriebenem Ehrgeiz ist sehr kurz.

463 Wer sich nur für sich selbst interessiert, wird wenig Interesse aufbringen für die Probleme anderer.

464 Am Desinteresse für die Probleme in seiner Umgebung erkennt man den perfekten Egoisten.

465 Wer für sich immer das letzte Wort behaupten will, stempelt sich zum Besserwisser.

466 Selbstbewusstsein darf nicht in Rechthaberei ausarten!

467 Für viele reicht der „Ozean des Nichtwissens" (Newton) nur bis zum Horizont. Tatsächlich aber sind mit dem Ozean die gesamten Weltmeere gemeint.

468 Meinen schöpferischen Prozess
vergleiche ich mit einem Staubecken.
Das Wasser sammelt sich dort, bis das Becken voll ist.
Dann aber öffnet sich der Überlauf und schafft dem Druck
Platz. Hier beginnt meine eigentliche handwerkliche Arbeit
beim Schreiben.

469 Gesunder Ehrgeiz schließt ein, dass man sich auch eine
Pause gönnt. Gesunder Ehrgeiz will gepflegt sein.

470 Man ist nie so gut, dass man aufhören könnte,
danach zu streben, noch besser zu werden.

471 Gehe mit den Problemen anderer
nicht härter ins Gericht, als mit deinen eigenen Problemen.

472 Das Chaos soll pflegen, wer damit klarkommt.
Ich ordne gern meine Verhältnisse.

473 Wenn du etwas nicht verstehst,
gib dich damit keinesfalls zufrieden.
Stelle solange Fragen, bis du es verstanden hast.

474 Ein wirkungsvolles Mittel gegen jegliche Ellbogenfreiheit
ist die gegenseitige Rücksichtnahme.

475 Nimm dir nie zu viel auf einmal vor,
es könnte sein, du erreichst am Ende gar nichts.

476 Es lohnt sich, über das Zuviel und das Zuwenig
im Leben nachzudenken. Das fördert das richtige Maß und
schützt vor chrakterschädigendem Überfluss.

477 Philosophen gehen den Dingen auf den Grund,
das schließt jede Oberflächlichkeit aus.

478 Untätigkeit führt zum Verlust
von Lebensfreude und Lebendigkeit.

479 Nimm deinen Alterungsprozess gelassen hin.
Die Gelassenheit ist eines der Geheimnisse des Altwerdens.

480 Auch die Arbeit ist einer der Schlüssel zu hohem Alter,
vielleicht sogar der wichtigste.

481 Auch wenn das Leben oft etwas anderes lehrt,
es gibt genügend Menschen auf der Welt,
denen muss man nur mit Vertrauen und Güte begegnen.

482 Das Leben verkürzt sich durch unnötigen Ärger –
durch Freude verlängert es sich.

483 Du bist reich im Leben,
wenn du gute und aufrichtige Freunde hast.

484 Mit einer Freundschaft ist es wie mit der Ehe:
wenn du sie erhalten willst, musst du viel dafür tun.

485 Verdiene dir Freundschaft,
indem du selbst Freundschaft verschenkst.

486 Wenn du glaubst, keine Zeit zu haben,
musst du dir einfach welche nehmen.
Das ist Diebstahl, der nicht bestraft,
sondern reichlich belohnt wird.

487 Freundschaft heißt nicht, immer gleicher Meinung zu sein.
In der Physik ziehen sich die ungleichen Pole an.

488 Freunde müssen streitbar sein.
Darauf baut ihre Offenheit im Umgang miteinander auf.

489 Nichtssagende Menschen brauchen auch nicht
auf echte Freunde zu hoffen.

490 Auch Egoisten taugen nicht zu dauerhafter Freundschaft.
Ihnen ist ihr eigener Vorteil am wichtigsten.

491 Freundschaft hat nur dann Bestand,
wenn sie uneigennützig ist.

492 Der Eigennützige braucht keinen Freund,
er hat doch sich selbst.

493 Die Unzufriedenen kennen keine Dankbarkeit.
Der Dankbare aber lebt glücklich und zufrieden.

494 Es braucht nicht Geld und Gold zur Zufriedenheit.
Das tägliche Brot allein schon kann Zufriedenheit schaffen.

495 Wer nur mit reichlich Gut und Habe glücklich ist,
ist eigentlich ziemlich arm an Charakter.

496 Wenn du dich darüber freuen kannst,
ohne Schmerzen zu sein,
wirst Du Schmerzen viel leichter ertragen.

497 Wer früh schon singt, wird den ganzen Tag heiter sein.

498 Gefühle sind wichtig im Leben –
am wichtigsten aber ist das „Fingerspitzengefühl".

499 Die, die in den Autos auf den Straßen sitzen
und ungeduldig hupen, sind dieselben,
die dich beschimpfen, weil ihnen deine Handlungsweise
im Alltag nicht in ihren Kram passt.

500 Dankbarkeit ist ein Wert, der in der heutigen Zeit oft
abhandengekommen zu sein scheint.

501 Zufriedene sind reich,
Unzufriedene werden immer arm sein.

502 Nach Gründen, um dankbar zu sein,
brauchst du nicht zu suchen, die findest du überall,
wenn du deine Ansprüche nicht so hoch stellst.

503 Der Dankbare ist der Zufriedenere,
der Undankbare ist der ewig Unzufriedene
und der ist sogar mit sich selbst unzufrieden.

504 Selbst dann, wenn dich Kummer und Schmerz quälen,
solltest du das Leben hoffnungsvoll bejahen.
Jeder Unwetterfront folgen wieder sonnige Zeiten.

505 Flexible Gedanken
sind geradezu ein Lebenselixier im Alter.

506 Statt dir Stress zu machen,
solltest du Ruhe in dein Leben bringen,
denn der meiste Stress kommt aus dir selbst.

507 Fürchte dich nicht vor deinem Lebensende,
fülle lieber jeden Tag mit neuem Leben aus.

508 Leben ist viel mehr,
als jeden Tag nur einfach da zu sein.

509 Bewahre dir deine Lebendigkeit
und du verlängerst so dein Leben.

510 Glücklich bin ich dann, wenn ich nicht auf das Glück
warte, sondern das Glück in mir selbst entdecke.

511 Aktives und passives Handeln
sollten sich die Waage halten.
Es ist oft unnötig, in Prozesse eingreifen zu wollen,
die auch ohne eigenes Zutun funktionieren.

512 Geistig Unterstrukturierte wollen oft Überlegene
auf ihren Level hinabziehen, anstatt sich zu bemühen,
ihre eigenen Wissenslücken zu schließen.

513 Wer denkt, das Leben bestehe nur aus den
Erfahrungen, die man selbst gemacht hat, irrt sich.
Sinnvoll ist es, eigene Erfahrungen mit denen anderer
zu vergleichen und so zu bereichern.

514 Beziehungsfrieden hängt oft davon ab,
ob einer von beiden die Fähigkeit besitzt,
den berühmten „Pflock zurückzustecken".

515 Alle guten Vorsätze nutzen nichts,
wenn hinterher die Taten ausbleiben.

516 Das Leben ist ein Drahtseilakt,
bei dem man versucht, nicht aus der Balance zu geraten.

517 Versuche, dich bewegende Fragen
zuerst dir selbst zu beantworten, ehe du sie anderen stellst.
Damit schlägst du zumindest
der „Denkfaulheit" ein Schnippchen.

518 Mangelndes Einfühlungsvermögen kann man bei denen
beobachten, die nur für sich selbst denken und handeln.

519 Die Regeln, nach denen unsere Vorfahren lebten,
beinhalten so viele Erfahrungen, dass man gut beraten ist,
sich hin und wieder daran zu erinnern.

520 Einfach einmal sich an das Sprichwort erinnern:
„Wie die Alten sungen, so zwitschern auch die Jungen" hilft,
Generationsprobleme zu überwinden,
ohne das einzige Allheilmittel zu sein.

521 Tolerant sein heißt auch, die guten Gedanken wenig
sympathischer Leute wertzuschätzen.

522 Wer flexibel sein will, braucht umfangreiches Wissen,
besonders Allgemeinwissen.

523 Jegliches Bevormunden anderer basiert meist
auf der Überschätzung der eigenen Fähigkeiten
und kann fatale Folgen haben.

524 Es gibt Leute, die meinen, eine einzelne Wahrnehmung
reiche schon, um sich ein Gesamtbild machen zu können.

525 Die Wahrheit wird letzten Endes immer
bessere Argumente haben als die Lüge.

526 Willst du ein umfassendes Urteil abgeben,
dann musst du den Gegenstand einer
allseitigen und gründlichen Betrachtung unterziehen.

527 Gestalte dein Leben so, dass es ausgeglichen ist.
Trenne dich von Sinnlosem und Überflüssigem
und gib deinem Leben einfach mehr Sinn.

528 Wer sich in seinen kritischen Betrachtungen
nur den Fehlern der anderen zuwendet,
sich selbst jedoch dabei ausklammert,
wird sich zunehmend in Widersprüche verwickeln.

529 Wer glaubt, immer alles richtig zu machen,
doch die Richtigkeit seiner Handlungen nicht hinterfragt,
untergräbt sein Ansehen.

530 Klugheit handelt besonnen,
Dummheit dagegen unberechenbar.
Die Ängste, die dabei eventuell ausgelöst werden,
beherrscht nur der Kluge.

531 Was du tust, musst du in erster Linie
vor dir selbst verantworten können, nicht vor anderen.

532 Nach dem Geheimnis langjähriger Ehen gefragt,
höre ich oft, man dürfe den Partner nicht
zu einem Teil von sich selbst machen wollen.
Jeder Ehepartner müsse auch seine Eigenständigkeit pflegen
und so auch in der Ehe akzeptiert werden.

533 Heiterkeit ist die Grundlage des Optimismus.

534 Gegenseitiges Erziehen wollen in der Ehe
macht mehr kaputt, als es förderlich ist.
Der Ehepartner sollte so bleiben dürfen,
wie er beim Kennenlernen gewesen ist.

535 Kreativität braucht Flügel, aber keine Bremsklötze!

536 Freundschaften funktionieren nicht
auf gegenseitigen Vorschriften,
sondern erfordern Vertrauen, Respekt und Mitgefühl.

537 Die vielseitige Kommunikation mit meiner Hündin
lehrte mich, für meine Mitmenschen mehr
ehrliche Gefühle aufzubringen.

538 Wer ein Haustier fair behandelt
und ihm Liebe entgegenbringt,
hat auch wenige Schwierigkeiten,
so von anderen Menschen empfunden zu werden.

539 Danke nicht erst dem vollendeten Tag.
Danke schon am Morgen dafür, dass du den Tag beginnen darfst.

540 Ein kaltes und herrisches Verhalten zu seinem Haustier
überträgt sich leicht auf das Verhältnis zu den Leuten,
von denen man umgeben ist.

541 Mitgefühl wird nur der aufbringen, der die Fähigkeit
besitzt, sensibel auf seine Umwelt zu reagieren.

542 Es gibt Zeitgenossen, die andere gering schätzen,
um sich selbst aufzuwerten.

543 Feingefühl gegenüber meinem Hund beflügelte mich,
meine menschlichen Werte zu überdenken
und positiv zu verändern.

544 All diejenigen, die ihr Haustier
wie einen Teil von sich selbst behandeln,
ermöglichen einem Tier ein artgerechtes Leben.

545 Das Geheimnis von Eheleuten, die auf viele glückliche
Ehejahre zurückblicken können, besteht darin,
dass sie die heiße, junge Liebe durch warme,
freundschaftliche Gefühle im Alter zu ersetzen wissen.

546 Du musst dich selbst überwinden und Dinge
ausprobieren, zu denen dir bisher der Mut fehlte.
Du wirst erstaunt sein, was du alles schaffen kannst.

547 Ist das „Umklammern" der eigenen Kinder
im Wachstumsprozess schon schädlich genug,
so gefährdet es in der Ehebeziehung
die Eigenständigkeit des Partners
und kann unerwartete und unangenehme Folgen haben.

548 Eine Ehe kann nur dann glücklich sein,
wenn sich jeder Partner seine Freiräume zugesteht
für seine Interessen und Neigungen.
Der gegenseitige Austausch darüber
aber wird die Ehe nachhaltig beleben.

549 Hüte dich vor den kleinen,
verletzenden Bemerkungen in der Ehe.
Sie schmerzen oftmals mehr, als ein richtiger Ehekrach.

550 Das Nachlassen der glühenden Liebe
bei den alternden Partnern ist naturbedingt.
Deshalb sollte die Zuneigung mit anderen Mitteln
immer wieder neu angeregt werden.
Die Pflege der Achtung voreinander und
viele kleine Aufmerksamkeiten sind geeignete Mittel dafür.

551 Es gibt Leute, die versuchen permanent,
kluge Gedanken mit dummen Erwiderungen
vom Tisch zu wischen.

552 Der Optimist sollte lieber
positiv denkende Menschen um sich scharen.
Negativ denkende haben in ihrem Vokabular
zu viele „geht nicht" und „ja, aber…".

553 Das Zufriedengeben mit Halbheiten führt dazu,
dass wichtige Zusammenhänge verborgen bleiben.

554 Wer das „letzte Wort" im Gespräch beansprucht,
muss nicht unbedingt die besseren Argumente haben.
Er will nur recht behalten.

555 Die, die in den Autos auf den Straßen sitzen und
ungeduldig hupen, sind dieselben, die dich beschimpfen,
weil ihnen deine Handlungsweise im Alltag
nicht in ihren Kram passt.

556 Mit eigener Sturheit
wird man die Welt nicht aus den Angeln heben –
nur Flexibilität kann bei der Lösung
der anstehenden Probleme helfen.

557 Der unflexible Standpunkt wird meist zum „Stehpunkt".

558 Das spezielle Wissen und Können beider Eheleute
darf sie nicht gegeneinander ausspielen,
gebündelt wird es ein großer Schatz werden.

559 Ein Liebestöter ist derjenige, der an seinem Partner
oder seiner Partnerin immer etwas auszusetzen hat.

560 Von Freiheit kann nur der sprechen,
der die Stellung des Individuums in der Gesellschaft beachtet.
In jeder Klassengesellschaft gibt es Andersdenkende.
Der Umgang mit ihnen ist ein Gradmesser
der Stellung zum Freiheitsbegriff.

561 Der Wahrheit kommt man am nächsten,
wenn man Pro und Contra genau abwägt.
Auch Wahrheit ist relativ
und vom Standpunkt des Betrachters abhängig.

562 Unnachgiebigkeit zeugt keinesfalls von Stärke.
Nur der ist stark, der auch nachgeben kann.

563 Träume sind Nahrung für die Fantasie
und beflügeln die Gedanken.

564 Persönliche Pläne
haben ihren Ursprung in unseren Träumen.

565 Zögernder Aufschub bei der Erledigung von Aufgaben
ist unsinnige Zeitverschwendung und hemmt den Elan.

566 Die vier Blätter eines Kleeblatts bringen dann Glück,
wenn ihre Namen Hoffnung, Elan, Mut und Freude sind.

567 Ehe du deinen Zorn entfaltest,
überlege erst, ob es nicht besser ist, zu verzeihen.

568 Dein Ausgeglichensein hängt davon ab,
ob du mit dir selbst im Einklang bist.

569 Hüte dich davor, alles zu sagen und zu tun,
was du denkst.
Bedenke vorher genau, was du sagst und was du tust.

570 Öffne deine Augen für das Schöne, das dich umgibt.
Dann wird dich das Hässliche weniger stören.

571 Der Mensch kann bestenfalls der Natur dienlich sein,
doch dazu bedarf es seiner Vernunft.

572 Je mehr du in deinem Leben richtig machst,
desto genauer schaut man dir „auf die Finger",
um einen Fehler zu finden!

573 Erfahrungen beruhen auf Lehren aus selbstgemachten
Fehlern und führen zu besonnenerem Handeln.

574 Trennt euch endlich von der Vorstellung,
die Umwelt sei nur das, was ihr davon wahrnehmt.
Besser ist es, darüber nachzudenken,
wie die Umwelt besser zu verstehen ist.

575 Grundvoraussetzung für ein verträgliches Miteinander
ist das gegenseitige Akzeptieren.

576 Gesunde Neugier hat nichts mit Besserwisserei zu tun.

577 Glauben muss man nicht alles,
wissen kann man nicht alles –
oft sind es gerade die Zweifel, die zur Wahrheit führen.

578 Bevor du versuchst, andere zu verändern,
verändere dich selbst!

579 Es ist schade um jeden nutzlos verbrachten Tag,
denn er lässt sich nicht mehr zurückholen.

580 Charaktere, die wie seichtes Gewässer sind,
liegen mir überhaupt nicht,
ich bevorzuge solche, die „Tiefgang" haben.

581 Dominante Leute unterliegen dem Irrtum,
dass sie immer recht haben und stehen gern im Mittelpunkt,
um ihr Recht zu behaupten.

582 Dominanz ist verstandesorientiert,
Herz und Gefühl spielen dabei nur eine untergeordnete Rolle.

583 Wer andere Leute gern auf deren Fehler aufmerksam
macht, will damit oft die eigenen verbergen.

584 Wer sich Prioritäten setzt, kann nicht zum Opfer,
sondern zum Beherrscher
des zu bewältigenden Arbeitspensums werden.

585 Leere Worte sind nichts, gegenseitige Hilfe ist alles.

586 Gelassener werden kann man nur,
wenn man sich von seinen Zwängen befreit.

587 In sich gekehrte Menschen sind kaum dazu in der Lage,
viel von ihrer Umwelt wahrzunehmen.

588 Arbeitselan hängt wesentlich
von der richtigen Motivation ab.

589 Motivation ist wie ein Zauberwort bei der Lösung
gestellter Aufgaben, auch der sich selbst gestellten.

590 Weniger intelligente Menschen gehen davon aus,
dass sie alles wissen und nichts dazulernen brauchen.
Sie weigern sich anzuerkennen,
dass jemand mehr Wissen und Erfahrung hat, als sie selbst.

591 Intelligente Menschen kennen auch ihre Wissenslücken
und bemühen sich ständig um ihre Wissenserweiterung.

592 Von Freiheit darf nur der sprechen,
der vom Standpunkt des Individuums und seiner
Stellung in der Gesellschaft ausgeht und diese akzeptiert.

593 Lass dich nicht vom Lärm und Getöse
rings um dich beeinflussen –
gehe deinen Weg
mit innerer Ruhe und Besonnenheit.

594 Nur auf sich selbst fixierte Leute werden sich ganz
schwer in die Lage anderer versetzen können.

595 Ehe du versuchst, zu den Sternen zu greifen,
eigne dir lieber jenes Wissen an,
das dich den Sternen näherbringen wird.

596 Persönliche Freiheit in der Ehe, sagt man,
hieße auch, den gemeinsamen Weg durch eine
gewisse Eigenständigkeit beider Partner zu bereichern.
Dies fördere die Lebendigkeit der Partnerbeziehung.

597 Die wichtigsten und schönsten Geschenke
sind nicht die, die viel kosten.
Es sind diejenigen, die man sich nicht kaufen kann:
Gesundheit, Gelassenheit und innere Ruhe.

598 Wenn Weihnachten das Fest des Friedens werden soll,
dann verbanne Hader, Stress und Ärger
hinter undurchdringliche Mauern.

599 Der „liebe Gott" ist viel zu weit weg für mich.
Ich halte mich an meinen Schutzengel, der ist immer um mich
und hat mich schon oft vor Schlimmstem bewahrt.

600 Das Erkennen von Zusammenhängen ist die eine Seite.
Viel wichtiger ist das richtige Schlussfolgern auf dieser Basis.

601 Die geistige Haltung manifestiert sich
im praktischen Handeln.

602 Wie Rost am Eisen nagt die Besserwisserei in der Ehe.
„Nicht gegeneinander, sondern miteinander"
– das ist ein Geheimnis glücklicher Ehen.

603 Wenn Politiker versuchen würden, auch Mensch
zu bleiben, würde ihre Politik menschenfreundlich sein.
Wenn Menschen bei ihrer Politik das Menschsein vergessen,
wird ihre Politik kaum noch menschliche Züge tragen.

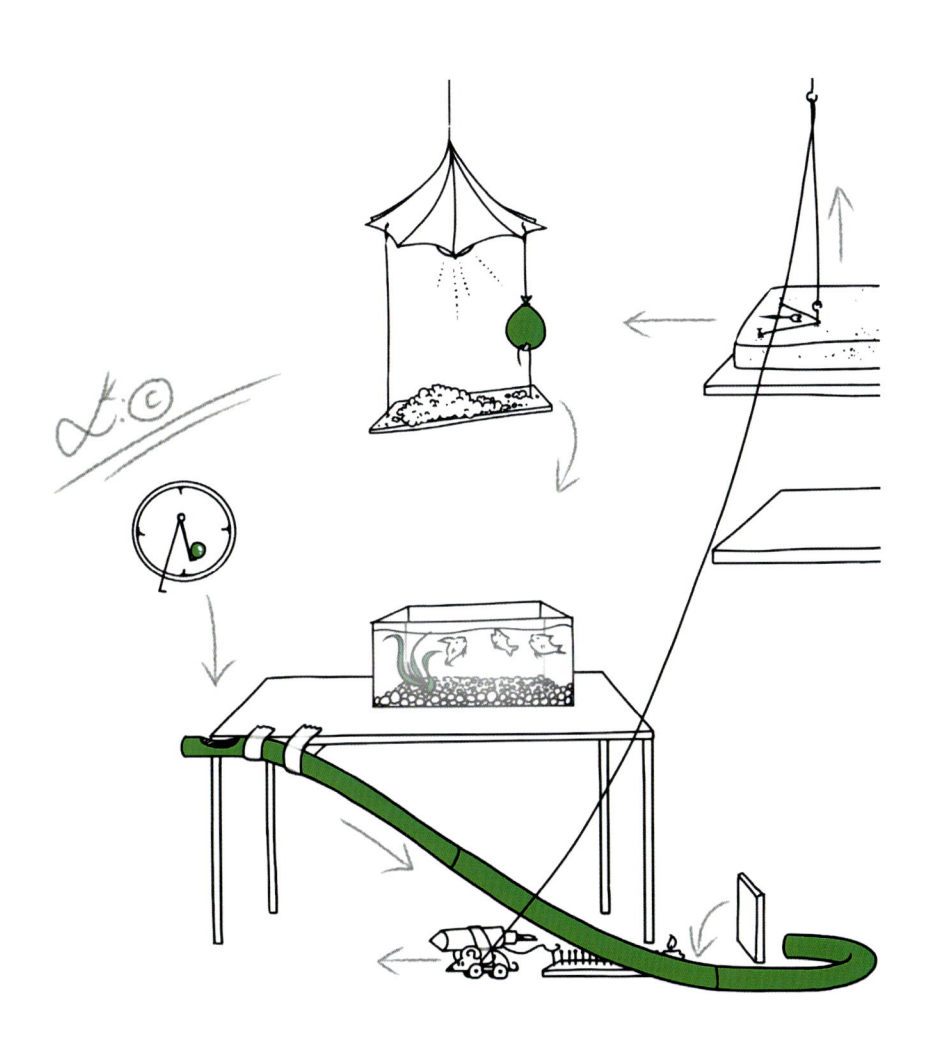

604 Die Theorie ist dann gut,
wenn sie sich in der Praxis bewährt.

605. Es würden dann weniger Kriege angezettelt werden, wenn die Verursacher mit ihren Söldnern sterben würden.

606. Reichtum findet der Zufriedene überall.

607. Ob eine Liebe Bestand hat, hängt wesentlich davon ab, wie es gelingt, sie alltagsfähig zu machen.

608. Wer seine Erfolge „zu Markte trägt", wird eher Missachtung ernten statt Beifall.

609. Wer mit seinen Erfolgen bescheiden umgeht, dem ist das Lob der anderen sicher.

610. Die Bedrohungslüge dient dazu, eigene Aggressionsabsichten zu verschleiern.

611. Wirkliche Menschlichkeit schließt auch Opferbereitschaft ein.

612. Meist haben Leute, die unbedingt mitreden wollen, überhaupt nichts zu sagen.

613. Angeberei steht mit mangelnder Intelligenz im Zusammenhang.

614. Mensch zu sein heißt auch, sich durch Hilfsbereitschaft und Friedfertigkeit auszuzeichnen.

615. Reichtum ist eine Seite der menschlichen Existenz. Eine andere Seite ist Verstand, Charakter und Herz. Das macht den wirklichen Wert eines Menschen aus.

616 Mangelndes Wissen ist der Nährboden für alle Zweifel.

617 Schönheit im weitesten Sinne ist kein absoluter Begriff.
Er unterliegt einer sehr individuellen Betrachtungsweise.

618 Wer den „Spieß einfach umdreht",
wenn er auf einen Fehler aufmerksam gemacht wird,
ist nicht bereit, aus seinen Fehlern zu lernen.

619 Ereignisse lassen sich nur dann richtiger bewerten,
wenn man danach fragt, welche Motive und welche
Vorgeschichte zu diesem Ereignis geführt haben.

620 Die Gründlichkeit bei der Aufgabenerfüllung
entscheidet über den Erfolg.

621 Durch pures Geschwätz
wurde bisher noch kein Problem gelöst.
Erfolgreiches Tun allein ist der Garant dafür.

622 Einfühlungsvermögen, Sachkenntnis, Erfahrung und
gesunde Risikobereitschaft sind Garanten für den Erfolg.

623 Hundert Dinge kannst du richtig machen,
unterläuft dir nur ein Fehler,
werden sich deine Widersacher wie Hyänen auf dich stürzen
und alle deine Erfolge kleinreden.

624 Wie klein und unbedeutend ist der Mensch
gegenüber der ihn umgebenden Natur
und trotzdem bildet er sich ein,
die Natur beherrschen zu können.

625 Ein unsteter Blick
wird nie Vertrauen oder Zuneigung hervorrufen.

626 Nimm deine Umwelt mit offenen Augen auf
und du wirst sie besser verstehen.

627 Goethes „Wie herrlich leuchtet mir die Natur"
sollte uns Appell dafür sein, unsere Umwelt zu erhalten,
vor Missbrauch zu schützen und zu verschönern.

628 Wer seine Befindlichkeiten auf der Zunge trägt,
wird nicht mit Vertrauen belohnt werden.

629 Um wie viel friedlicher und gerechter wäre unsere Welt,
würde die Eignung zum Politiker nicht daran gemessen,
wie firm er auf politischem, kommunalpolitischem,
nationalem und lobbyistischem Gebiet ist, sondern daran,
wie er die menschlichen Werte zum Inhalt seiner Arbeit macht.

630 Es ist falsch, immer alles zu sagen, was man weiß.
Die Erfahrung sagt, dass es auf jeden Fall besser ist,
zu wissen, was man sagt.

631 Die Zeit vor Weihnachten ist wie ein Zauberstab.
Sie zaubert eine wundersame Vorfreude in die Gesichter,
nicht nur der Kinder.

632 Mit einem sonnigen Gemüt
kann sich keine Schönheit der Welt messen.

633 Die Schönheit der Natur sollte nicht nur die Augen er-
freuen, sondern auch das Herz berühren dürfen.

634 Man sollte täglich Neues ausprobieren, um nicht in die
gefürchtete Trägheit zu verfallen.

635 Nutze den Moment, denn das Leben ist kurz.

636 Wer alles „auf die lange Bank schiebt",
vergeudet wertvolle Zeit.

637 Alles Gerede sollte daran gemessen werden,
zu welchen positiven Veränderungen es führt.
Sonst bleibt es nur „Gerede".

638 Fehler sind nicht ausgeschlossen,
sondern Bestandteil des Erkenntnisprozesses.
Also: Fürchte dich nicht davor, Fehler zu machen.

639 Der Wert der Worte wird an den Reaktionen,
die sie hervorrufen, erkennbar.

640 Perfektionisten sind in der Regel
wenig beziehungsunfähig.

641 Nur derjenige hat das Recht zu sagen:
„Das kann ich nicht",
der es vorher bereits ohne Erfolg ausprobiert hat.

642 Der Grat von „sich zueinander hingezogen fühlen"
oder „einander im Wege stehen" ist oft sehr schmal,
jedoch nach jeweils einer Seite hin veränderlich.

643 Wer keine Versuche wagt,
wird keine Ergebnisse erzielen.

644. Ein Herz kann besser sehen als die besten Augen.

645. Du solltest ab und zu einmal mit dir in den inneren Dialog treten, um deine Beweggründe zu kontrollieren.

646. Das Leben kannst du nur durch Vielseitigkeit richtig kennenlernen.

647. Versuche dich doch einfach einmal vom Standpunkt eines Besuchers aus zu betrachten und du wirst völlig neue Seiten an dir entdecken.

648. Wenn du das Schweigen deines Partners nicht verstehst, wirst du auch seine Worte nicht richtig verstehen können.

649. Ich fühle mich nur verantwortlich für das, was ich wirklich sage. Was die anderen daraus machen, liegt nicht in meiner Verantwortung.

650. Manche meiner spontanen Entscheidungen kann ich nicht ausreichend begründen, da sie von Herzen kommen. Der Verstand ist daran nicht beteiligt.

651. Glück ist eine Frage der persönlichen Einstellung dazu.

652. Viele Probleme wären leichter lösbar, würde man sie nicht dramatisieren, sondern einfach so zu lösen versuchen, wie sie sind.

653. Vergiss das Staunen nicht, es regt deinen Geist an.

654 Ein freundliches Lächeln
ist das vollkommenste Accessoire,
das es überhaupt gibt.

655 Konzentriere dich darauf, Neues zu probieren.
Das ewige Festhalten an Altem schafft Langeweile.

656 Wer das Leben bejaht, lebt glücklicher als der,
der es ewig verneint.

657 Vergiss das Wundern nicht, es öffnet dich für Neues.

658 Wenn du dir etwas vornimmst,
vergiss das Beginnen nicht und halte vor allem durch.

659 Ruhe findest du erst,
wenn du dein Problem bis zum Ende gelöst hast.
Deshalb bleibe nicht auf halbem Wege stehen.

660 Schaffe dir einen Erinnerungsort
für schöne Erlebnisse und suche ihn auf,
wenn du in deiner Willenskraft eine Blockade verspürst.

661 Planlos zu leben heißt, leidenschaftslos zu leben.
Höhepunkte muss man sich selbst schaffen.

662 Mach es wie dein Hund und räkle dich zur vollen Größe.
Es ist viel besser, als wenn du dich klein machst.

663 Sich auf die eigene Größe zu besinnen,
fördert das Selbstvertrauen.

664 Wenn du Liebe verschenkst,
bekommt dein Leben einen tieferen Sinn.

665 Wer nicht kommunizieren kann, bleibt ewig in der Isolation.

666. Dein Weg wird dann richtig sein,
wenn du das Ziel nicht aus den Augen verlierst.

667. Auch ein ungewollter Umweg hat seine Vorteile,
denn man lernt Neues kennen.

668. Wenn deine Kreativität pausiert,
mache dir bewusst, wie groß deine Freude ist,
wenn Neues wie Frühlingsblüher deinem Kopf entsprießten.

669. Du musst dich zum ersten Schritt überwinden,
wenn du in Gang kommen willst.

670. Verhalte dich im Leben immer so, dass du deinen
Freunden aufrecht in die Augen schauen kannst.

671. Da darfst dich ruhig auch einmal selbst überraschen,
das mobilisiert.

672. All das, was du nicht beeinflussen kannst,
sollte dich auch nicht kümmern.
Nur so wirst du glücklich sein.

673. Wenn du in deiner Vergangenheit kramst,
dann nur zu dem Zwecke,
begangene Fehler nicht zu wiederholen.

674. Schlechte Erinnerungen solltest du schleunigst
ablegen, sie sind deinem künftigen Glück hinderlich.

675. Man liebt nur das aufrichtig,
worüber man mit seinen Freunden sprechen kann.

676 Lasst doch die Weihnachtszeit
ein wahres Fest des Friedens und der Freude sein.

677. Langeweile und Gleichklang im täglichen Leben
überwindet man, wenn man sich an Neuem probiert.

678. Das Leben macht mehr Spaß,
wenn man sich in die Zukunft hineinträumen kann.

679. Schaffe dir schöne Momente
und du wirst nicht so schnell altern.

680. Du solltest mehr von dem tun, was dir Spaß macht.
Wenn du Freude empfindest, wirst du glücklicher leben.

681. Dein Lebensglück will dich nicht immer
in eifriger Bewegung sehen,
auch die Ruhe schafft zeitweilig Befriedigung.

682. Halt findest du nur,
wenn du mit beiden Beinen fest im Leben stehst.

683. Aktivität erreicht man durch
Überwindung jeglicher Zaghaftigkeit.
Nur Aktivität schafft dir Zuversicht auf das Morgen.

684. Springe einfach auch einmal über deinen eigenen
Schatten, wenn du vorwärtskommen willst.

685. Du kannst nicht allem nur mit klugen Worten
tiefen Sinn zu geben versuchen, auch das Unsinnige
bringt hin und wieder Heiterkeit in dein Leben.

686. Schaffe dir genussvolle Augenblicke,
damit du etwas hast, von dem du bei Bedarf zehren kannst.

687 Wenn zu Tagesbeginn die Vögel vor meinem Fenster
eine fröhliche Melodie anstimmen, wird es ein guter Tag.

688 Vertröste dich nicht auf den nächsten Tag,
sondern gestalte dir den heutigen Tag schon mit Freude.

689 Zum Ziel führen viele Wege.
Man muss nur den richtigen finden.

690 Nicht aufeinander,
in andere Richtungen lenkt die Waffen,
damit endlich Frieden werden kann auf dieser Welt.

691 Leicht lähmt man mit übertriebenem Eifer
die Aktivitäten anderer
und nimmt ihnen jegliche Eigeninitiative.

692 Danke nicht erst dem vollendeten Tag.
Danke schon am Morgen dafür,
dass du den Tag beginnen darfst.

693 Wenn du Großes vollbringen willst,
musst du zuerst das Kleine beherrschen lernen.

694 Es sind gerade die Verschiedenheiten,
die das Zusammengehörigkeitsgefühl fordern.

695 Wer die Tiefe der Gefühle nicht erkennt,
wird in seiner Beziehung nur an der Oberfläche bleiben.

696 Der Wert einer Gesellschaft
wird an ihrer Haltung zu Ehe und Familie erkennbar.

697 Das heilige Kreuz über der Wohnungstür soll verheißen,
dass hier die Nächstenliebe wohnt!
Aus manchen solchen Türen aber quillt
Missgunst, Hass und Streitsucht.

698, Der Begriff „Verschwörungstheorie" dient dazu,
die Wahrheit unter allen Umständen zu verbergen
und wird daher mit allen Mitteln genährt.

699, Warum bringt nicht das geistige Genie
die Menschheit voran, sondern nur politische Macht?
Dem geistigen Genie fehlt es am nötigen Kapital.
Die politische Macht aber macht sich zur Marionette des Kapitals.

700 Stelle dich ruhig einmal auf den Kopf.
Es gibt auch andere Perspektiven,
um das Leben zu betrachten.

Dieter Gropp

Ich wurde im Dezember 1937 am Fuße des Silbernen Erzgebirges, in Chemnitz, geboren. Schon in der Schule liebte ich den Literaturunterricht. Meine ersten Versuche mit Versen gehen bis in meine Lehrlingszeit zurück und waren dementsprechend miserabel. Trotz aller Meckerei meiner Umwelt: Ich ließ nicht locker, auch wenn die Pausen, in denen mir die Einfälle fehlten, manchmal Jahre dauerten. Meine engsten Freunde lasen die Verse gern. Und dafür, dass ich es mir nicht zu leicht mache, sorgt meine Frau. Sie ist seit jeher mein erster und wichtigster Kritiker.

Ich erlernte den Beruf des Bautischlers und erwarb in einem 4-jährigen Fernstudium an der „Fachschule für Clubleiter in Meißen-Siebeneichen" die Qualifikation als Clubleiter arbeiten zu dürfen. Nach dem Studium arbeitete ich im Kulturzentrum Frankfurt/Oder.

Seit etwa 2003 ist der Kopf voller Gedanken.

Ich habe jetzt auch mehr Zeit, da ich kurz nach dem Millennium in Altersrente ging. Eine schwere Krankheit im Jahre 2005 hätte mein Leben beinahe beendet. Seitdem lebe ich noch bewusster und sehr aktiv.
Gern veröffentliche ich meine Arbeiten im Internet und freue mich über die Kommentare anderer Lyriker. In zahlreichen Lesungen habe ich meine Verse vorgestellt, so auch als Gast beim Autorenverband Franken.
Oft lese ich in sozialen Einrichtungen und suche die Verbindung zu anderen Autoren. Im Jahr 2012 gründete ich mit einigen Autorinnen und Autoren aus der Region den „Autorenkreis im Heimatverein Höchstadt an der Aisch".
Einige meiner Gedichte sind in der Anthologie des Engelsdorfer Verlages Berlin „Spät schlagen Türme Alarm" und in zahlreichen anderen Anthologien verschiedener Verlage veröffentlicht.
Seit Herbst 2006 bin ich registrierter Autor der Deutschen Nationalbibliothek bei der Brentano-Gesellschaft für zeitgenössische Literatur Frankfurt am Main.

Lisa Kindler

Neustadt an der Aisch ist die Stadt, in der ich 14 Tage nach dem Tag, an dem das Jahr 2000 von so ziemlich allen Menschen mit Feuerwerken begrüßt wurde, das Licht der Welt erblickte. Seit Beginn meiner „Schulkarriere" wechselten sich meine Lieblingsfächer ständig. Mal waren es mehr und ich konnte es kaum erwarten, wieder in die Schule gehen zu dürfen, mal waren es weniger und ich nahm die Tatsache der Schulpflicht einfach hin. Doch ein Fach sollte von der ersten Klasse an meine Liste der Favoriten nie mehr verlassen: Kunst. Mir macht es total Spaß, meiner Fantasie beispielsweise auf Papier freien Lauf zu lassen und das hat sich auch nicht mehr geändert.

Deswegen war es auch echt schade, als dieses Fach ab der achten Klasse nicht mehr in unserem Stundenplan aufgenommen wurde. Von da an schätze ich den freiwilligen Zeichen- bzw. Kunstkurs an den Nachmittagen noch mehr, was mir ermöglichte, die unterschiedlichsten Dinge, wie die Tonarbeit oder den Druck eigener Zeichnungen, auszuprobieren. Die Tatsache, dass diese Art von Beschäftigung eigentlich schon immer zu meinem Hobby gehört hatte, ließ riesige Fortschritte in meinen Bildern zu, was schließlich dazu führte, mehr als nur private Zeichnungen anfertigen zu können. Meine Eltern, die ein eigenes Geschäft besitzen, fragten mich dann irgendwann, ob ich nicht Lust hätte, eine Plätzchendose mit meinen Ideen schmücken zu wollen. Von da an durfte ich ihnen auch für das Werbeheft CHURU ab und zu mit meinen Einfällen und deren Umsetzungen helfen, bis es dann so weit war, mir eine eigene Rubrik in diesem Magazin geben zu können. Meine Aufgabe besteht nun seit der neunten Ausgabe darin, Cartoons mithilfe eines Zeichenprogramms an meinem iPad, passend zu den Sprüchen von Dieter Gropp, zu erstellen. Diese waren es dann auch, die uns die Idee gaben, dieses Buch, das Sie lieber Leser, gerade in den Händen halten, entstehen zu lassen.

„Es gibt Leute, die über herumliegenden Schmutz schimpfen und solche, die dabei helfen, die Welt sauberer zu machen"

Bei der Begegnung von Dieter Gropp, einem Lyriker und Dichter aus Höchstadt und Christian Kindler, dem Firmenchef von Kindler Gebäudereinigung, stimmt die Chemie. Man hatte sich gefunden und nun zum ersten Mal getroffen, weil Christian Kindler einen Spruch suchte, der etwas mit der Tätigkeit und dem Berufsbild der Gebäudereinigung zu tun hat. Im Internet war man fündig geworden, nichts ahnend, dass der Verfasser des Spruchs nur einen Katzensprung vom Firmensitz in Herzogenaurach entfernt wohnt.

Dieter Gropp hatte schon in seiner aktiven Berufszeit in Frankfurt/Oder viel mit Kultur zu tun, war Mitarbeiter im Kulturhaus von Frankfurt/Oder und nach der Wende in einer Buchhandlung, in welche er auch seine Liebe zur Literatur weiterentwickeln konnte. Vor neun Jahren zog er mit seiner Frau nach Höchstadt/Aisch, um den Sohn und dessen Familie, den es beruflich nach Franken verschlagen hatte, zu unterstützen. „Es gibt wenige, die machen viel und viele, die machen wenig", gibt er einen seiner Leitsprüche zum Besten und erzählt uns, dass er durch sein Engagement im Agenda Arbeitskreis Kultur den Autorenkreis Höchstadt/Aisch gegründet hat. Petra Embach aus Weisendorf und Friedel Auer, der Leiter des Heimatmuseums Schlüsselfeld, sind weitere illustre Mitglieder. Neuestes Mitglied wurde gerade Dieter Appel. Daneben ist Dieter Gropp zusammen mit seiner Frau Schulwegbegleiter und freier Mitarbeiter einer Tageszeitung. „Arbeiten, Freude haben, sich nicht über jeden Dreck ärgern, gelassen bleiben." Nach diesem Spruch lebt der rüstige Rentner und freut sich, dass neben den drei Büchern „Könnte ich auf Wolken sitzen", „Und es wurde Liebe" und „Meine Reflexionen und Maxime" nun dieses Buch entstanden ist.

Der Spruch als Werbebotschaft

Mittlerweile taucht das Zitat von Dieter Gropp auf diversen Werbeträgern des Herzogenauracher Handwerkbetriebes auf und Christian Kindler unterstreicht mit dieser Botschaft sein Handwerk. Seit 1934 sind Gebäudereiniger in Deutschland als Handwerksberuf anerkannt. Mit seinen rund 600.000 Beschäftigten, das sind mehr als 1 Prozent aller Beschäftigten in Deutschland, ist das Gebäudereiniger-Handwerk das beschäftigungsstärkste Handwerk in Deutschland. Das Herzogenauracher Unternehmen beschäftigt im Jahr 2016 über 250 fest eingestellte Mitarbeiter, die dabei helfen, die Welt etwas sauberer zu machen.

Mit einer Idee ging es los

Im Jahr 2014 haben die drei Herzogenauracher Unternehmer Christian Kindler, Ursula Dorweiler und Ruthild Schrepfer die Gesellschaft „Idee und los GmbH" gegründet. Die Projekte, die dabei entstanden, entstammten einer gut durchdachten Idee und dann ging es auch schon los.
Natürlich steckt dahinter Unternehmertum, Ehrgeiz und auch das gewisse Fingerspitzengefühl, etwas Außergewöhnliches zu schaffen.
Bei diesem ehrgeizigen Buchprojekt haben die drei Unternehmer gerne die Produktion übernommen und damit ihr erstes eigenes Hardcoverbuch auf den Markt gebracht. Diese besondere Verbindung zwischen dem Senior Dieter Gropp und der Jugendlichen Lisa Kindler soll mit diesem Buch festgehalten werden.
Mit dem Regionalmagazin CHURU hat die Idee und los GmbH ein hochwertiges Printmedium auf dem Markt etabliert und hat in dem Segment der hochwertigen Frei-Haus-Magazine ein Alleinstellungsmerkmal.
Über 40.200 Exemplare (Auflage im Jahr 2016) werden mit einem eigenen Redaktions- und Fototeam monatlich produziert und im besonderen Format 23 x 30 erstklassig gedruckt. CHURU scheut keine Mühen und verteilt die Hefte mit einem eigenen und professionellen Verteilerteam und beschäftigt damit knapp 60 Mitarbeiter. Durch die zuverlässige Zustellung kommt das Magazin bei seinen Lesern an und durch die vielen aktuellen, regionalen Themen wird eine breitgefächerte Leserschaft angesprochen. Eine Homepage mit einem umfangreichen Heftarchiv, eine tagesaktuelle Facebook-Seite und eine eigene kostenlose App runden das Angebot weiter ab.

Die Gründer Christian Kindler, Ursula Dorweiler und Ruthild Schrepfer

Zu weiteren Arbeiten der Ideenschmiede zählen die Produktion des Herzogenauracher Heimatkalenders und des Stadtschreibers, beides Publikationen des Herzogenaurach Heimatvereins. Mittlerweile haben etliche Firmen der Idee und los GmbH auch die Umsetzung ihrer Werbe- und Marketingsmaßnahmen anvertraut und die Ideen gehen nicht aus.

Danksagung

Wir danken folgenden Menschen, die unser Projekt unterstützt bzw. viel Geduld für unser Hobby aufgebracht haben.

Bianca Dippelt und Ruthild Schrepfer, die dazu beitrugen, dass wir uns gefunden haben.
Evelin Gropp, die erste und beste Kritikerin des Autors.
Claudia Haag für die fotografische Leistung, uns während des Regens zu fotografieren.
Sabine Hanisch, die gründlichste und schnellste Lektorin überhaupt.
Sylvia Herenz-Pflugbeil, die unser Buch textlich für die CHURU in Szene gesetzt hat.
Elke Kindler für die Geduld mit ihrer Künstlerin und dafür, dass sie beim Zeichnen manchmal die Zeit vergessen hat.
Rainer Krugmann für die grafische Gestaltung und wie immer professionelle Umsetzung.
Brigitte Nanu und Dr. Jürgen Rabe für den angenehmen Nachmittag in der schönen Sterpersdorfer Mühle anlässlich des Fotoshootings für unsere Bildvorstellung.

Und natürlich den drei CHURUs, Christian Kindler, Ursula Dorweiler und Ruthild Schrepfer, die uns in ihrem Magazin die Plattform einräumen, unsere kreativen Gedanken einem breiten Publikum zugänglich zu machen.

Dieter Gropp und Lisa Kindler

„Wer die Hände in den Schoß legt und andere machen lässt,
wird sich zwar momentan recht wohl fühlen –
auf Dauer wird er aber ganz sicher zu den
mit sich Unzufriedenen und Nörglern gehören.
Der wahre Sinn des Lebens wird ihm verborgen bleiben.
Glück hat etwas mit Tatkraft zu tun.
Nur wer schafft, lebt wirklich!"